交通与城市规划丛书

门户型交通枢纽与城市空间规划

刘武君 著

同济大学出版社
TONGJI UNIVERSITY PRESS
·上海·

图书在版编目(CIP)数据

门户型交通枢纽与城市空间规划 / 刘武君著. -- 上海：同济大学出版社,2023.4
(交通与城市规划丛书)
ISBN 978-7-5765-0613-6

Ⅰ.①门… Ⅱ.①刘… Ⅲ.①交通运输中心-研究-中国 ②城市空间-空间规划-研究-中国 Ⅳ.①F512.3 ②TU984.2

中国国家版本馆 CIP 数据核字(2023)第 003877 号

交通与城市规划丛书

门户型交通枢纽与城市空间规划

刘武君　著

责任编辑　胡　毅　　责任校对　徐春莲　　装帧设计　赵　军

出版发行　同济大学出版社　　www.tongjipress.com.cn
　　　　　(地址：上海市四平路1239号　邮编：200092　电话：021-65985622)
经　　销　全国各地新华书店、建筑书店、网络书店
排版制作　南京月叶图文制作有限公司
印　　刷　上海安枫印务有限公司
开　　本　787 mm×1092 mm　1/16
印　　张　12.25
字　　数　306 000
版　　次　2023 年 4 月第 1 版
印　　次　2023 年 4 月第 1 次印刷
书　　号　ISBN 978-7-5765-0613-6
定　　价　128.00 元

如有印装质量问题，请向本社发行部调换　　**版权所有　侵权必究**
地图审图号：GS(2023)855 号

内容提要

当今时代,快速发展的高铁和航空这两种高速交通方式,给城市的发展带来了"危"与"机",而高铁车站和机场航站区作为城市的门户型交通枢纽,其规划建设正成为许多城市撬动经济发展、重筑空间结构的重要支点,成为城市发展和更新的动力源。

本书通过高铁、民航、空铁、海铁空、陆路口岸等视角,对城市空间结构进行了分析研究,阐述了门户型交通枢纽的内涵、定义和意义,阐述了门户型交通枢纽在城市空间规划中的定位、作用和应用模式,对于当今我国城市和城市群的规划、发展具有重要指导意义。

本书对城市规划、交通规划以及基础设施规划、建设、运营等领域的技术和管理人员极具参考价值,也适合高等院校相关专业师生参考阅读。

前 言

任何一本城市规划的教科书都会告诉你,城市具有四大功能,又称"城市四要素",即居住、工作、游憩、交通。但是经过进一步的研究和思考,我们发现最早的聚落(比如半坡遗址,图0-1)就已经具备了居住、工作、游憩三大要素。所以,我想说的是:只有交通才是城市的核心要素,交通才是城市区别于村落的地方。

> 图 0-1 半坡遗址复原模型

事实上，村落发展到一定规模，其内部也是有交通问题的。今天随着汽车、摩托车进入家庭，一些村落甚至也有比较严重的机动车交通问题。

更进一步的研究还表明，城市作为一个区域的经济中心，其城市功能、对区域经济要素的集散功能，其实是由其对外交通系统来支撑的。因此，我认为城市对外交通系统对城市和区域规划来说意义重大，它才是城市区别于乡村的关键要素，是城市的灵魂所在。我们甚至可以说，没有对外交通系统，城市就是一个"大村庄"！

一、对外交通是城市之魂

对外交通和城市的关系非常密切。事实上，大多数城市都是由于对外交通的发展而兴起的。中国北方的城市大多始于秦汉时代的"驿站"，南方的许多城市起源于"漕运"的交汇处（图0-2）。这些城市都可以认为是起源于对外交通的结点，这些结点就是我们所说的"交通枢纽"。

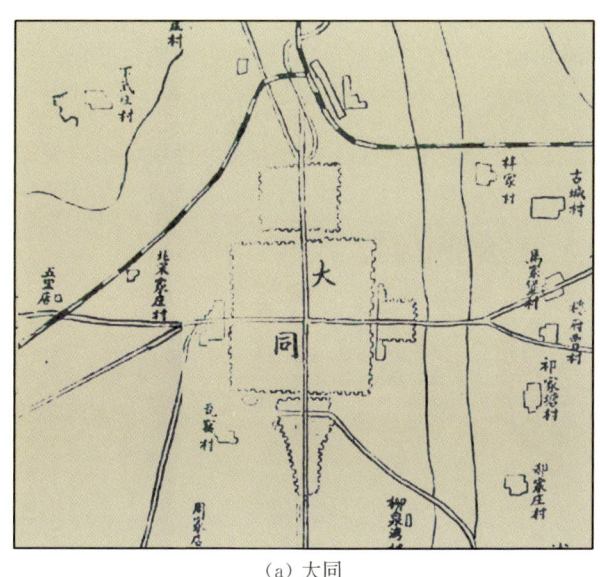
(a) 大同

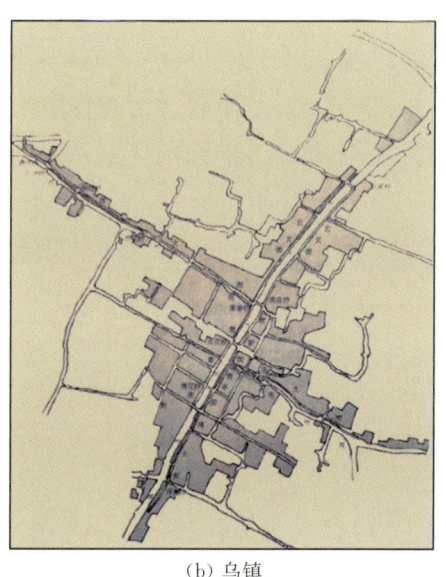
(b) 乌镇

> 图 0-2　北方城市和南方城市诞生与发展的典型实例

随着城市的进一步发展壮大，城市对内、对外交通系统的分工会越来越明晰，其对外交通的结点往往会向城市中心区边缘转移，并在城市入口地区形成内外交通转换的门户型综合交通枢纽。如果城市再进一步扩大，还会出现不同方向上的或交通方式不同的多个门户型交通枢纽。

门户型交通枢纽与城市空间规划

就是这样,从作为城市发展原动力、位于城市中心地带的对外交通枢纽,到位于大都市外围地带的门户型综合交通枢纽,再到不同方向、不同交通方式的门户型交通枢纽,这些交通枢纽在城市的兴衰中都起到了非常关键的作用,它们就像一扇扇门窗演绎着其所在城市的经济、产业,甚至城市文化的发展实景。

因此我们说:对外交通是城市之魂,门户型交通枢纽是城市之眼,综合交通枢纽地区是城市之脸。

二、不同时代都有代表性的交通方式

对于门户型枢纽的作用,我们可以清楚地看到"交通的变迁对应不同时代的城市发展",即不同的时代有不同的对外交通方式(图0-3),不同的对外交通方式对应不同类型的交通枢纽和城市。在中国,最早的全国性交通设施是秦汉时代的驿站和驿道,在驿道沿线和交叉点,就出现了农耕时代的城市。随着时代的发展,沿海的城市也就发展起来,于是就有了泉州、大连、青岛、连云港、上海、宁波、厦门、广州、香港和深圳等港口城市。有了铁路以后,铁路枢纽城市开始出现,徐州、郑州、石家庄、武汉、长沙等城市就获得了发展机遇。到了工业化阶段的中期,高速公路、集装箱运输和管道运输带来了沿线一部分城市兴盛的同时,也带来了非高速公路沿线城市的衰弱。

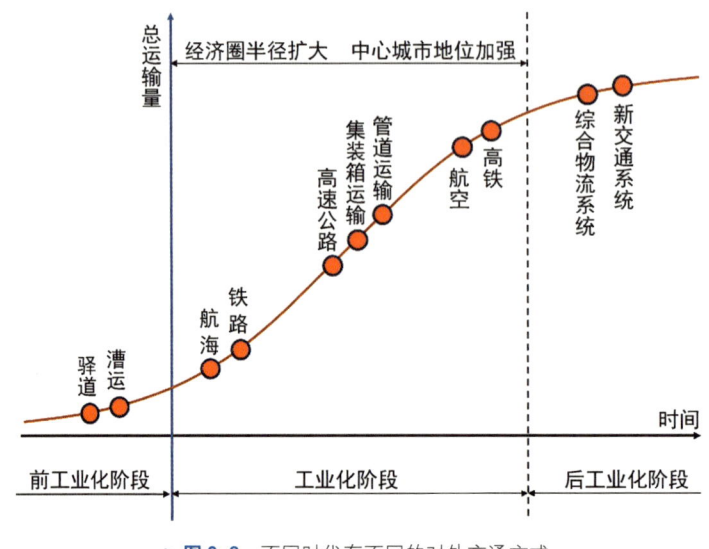

> 图0-3 不同时代有不同的对外交通方式

改革开放以来，我国在半个世纪内走完了西方发达国家约200年的发展之路，现在面临的是不同时代的各种交通方式并存的现实情况，国内的道路上既有奔驰、宝马等豪华汽车，也有拖拉机，甚至还有马车、牛车。但是我们应该清醒地看到，社会主体现在正处于高铁和航空的时代，高铁车站和航空港才是这个时代的代表性交通枢纽。所以，很多工程建设者都在忙于高铁车站和与机场相关的综合交通枢纽的规划建设与运营管理工作。因此，总体来说我们是处于工业化阶段的后期，代表性交通方式是高铁和航空。同时，我们的一只脚已经踏入了后工业化阶段，综合物流系统、新交通系统已经出现，以无人驾驶技术为代表的后工业化阶段的交通模式已经来到我们面前。

我们的确处于一个非常特殊的时代，各种交通方式的集成、融合集中体现于门户型交通枢纽的规划建设和运营管理。这是一个需要里程碑，且已经产生了里程碑的时代。今天，我国的大城市、特大城市基本上都位于工业化阶段的后期和后工业化阶段的初期，航空和高铁就是这个时代的里程碑。本书将聚焦于与航空和高铁客运有关的门户型交通枢纽开展研究。

三、代表我们这个时代的交通方式就是高铁和航空

随着我国高铁网络和民用机场规划建设的飞速发展，我们进入了以高铁和航空为代表性交通方式的新时代。

2022年，中国高速铁路里程突破40 000 km，我们完全进入了高速铁路时代，高铁的车站设在哪里，就会带来哪座城市的发展。民航的发展也同样令人瞩目，今日中国，航空已经成为商务人士出行的首选，中心城市的机场规模越来越大，临空产业的集聚越来越迅速。随之而来的就是机场作为门户型交通枢纽，对城市总体规划和产业布局的影响越来越大。正是高铁枢纽和机场枢纽这样的门户型交通枢纽带动了城市经济的发展，迎来了新的经济形态，所以大家都希望自己的城市有这些门户型交通枢纽的存在。

现在，航空枢纽和高铁枢纽在城市中的布局及其周边地区关联产业的规划对城市总体规划的影响越来越大。我们应该从枢纽本身的研究，转向整个城市和区域内的门户型交通枢纽的布局和整个城市交通网络的规划问题研究，并将门户型交通枢纽的规划布局纳入城市总体规划和区域规划之中，使它们协调一致，用门户型交通枢纽的规划建设来重新定义城市空间结构和城市发展轴的重筑(图0-4)，并推动区域内城市群的一体化进程。

四、门户型交通枢纽对城市和区域发展影响巨大

漕运时代，长江与汉水的交汇成就了汉口，长江与嘉陵江的交汇成就了重庆，泾河与渭河的

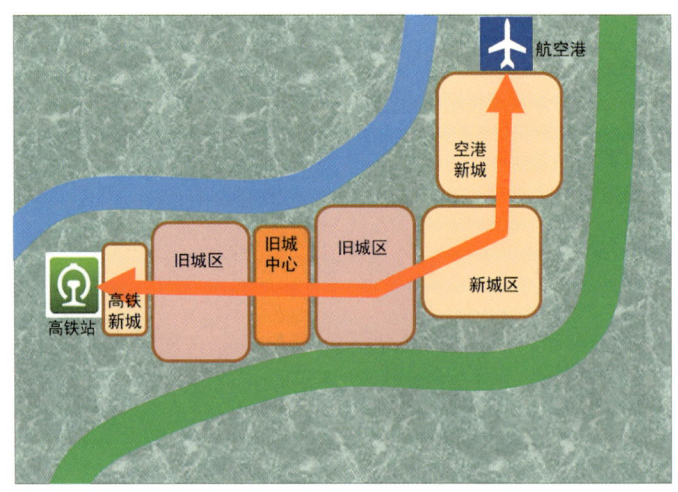

> 图 0-4 高铁站和航空港重筑城市空间结构

交汇成就了西安。海运时代,哈得孙河与大西洋的交汇成就了纽约,长江与东海的交汇成就了上海,珠江与南海的交汇成就了广州、香港、深圳。铁路时代,京汉铁路与正太铁路的交汇成就了石家庄,京广铁路与陇海铁路的交汇成就了郑州。当代,高铁站和航空港都在已有大中城市选址,必将带来我国城市空间结构和区域城镇体系的快速重筑。如何在高铁和航空的时代取得成长优势,让城市能够赶上高铁和航空发展的大潮,关键就取决于高铁和航空所形成的门户型交通枢纽的规划建设,取决于城市空间结构和产业布局的重筑能否成功。

高速铁路与城市规划的关系,特别是高铁车站及其所在地区的规划建设,是我们当前面临的一个重要课题。早中国半个世纪就开始规划建设的日本新干线车站及其所在地区的开发(图0-5),其经验教训是值得我们去考察、研习的。

民航机场所形成的门户型交通枢纽给大量"不靠海、不沿边"的内陆型城市提供了拥有实体口岸的可能。机场是这些城市可以被一线城市"直辖",可以直接对接世界的前提,这比高铁枢纽来得更加有意义,因此他们提出了"不靠海、不沿边,走向世界靠蓝天"的口号,对机场枢纽的发展寄予了厚望。

机场门户型交通枢纽的规划建设,在给城市经济带来巨大动力的同时,也带来了许多前所未有的难题,需要我们在发展中求解。特别是大型民航机场所诱发的临空产业的发展壮大,给传统的城市规划理论带来了新的课题。过去那种把机场作为一个有噪声影响、有净空限制、有电磁管

> 图 0-5　日本新干线车站及其所在地区的开发

控等,对城市发展有诸多不利影响的交通基础设施的认识必须摒弃。机场选址的时候,不考虑机场与城市的关系,把机场规划得离城市很远是错误的。因为机场与临空产业要发展必须与城市产业融为一体,同时旅客也需要机场离市中心近一些,使用才方便。所以,机场选址与城市中心保持适当的近距离是非常重要的。接下来,一个与城市空间规划融为一体的"民航机场及其临空地区规划模式"将被建立起来,亦即一个充分发挥机场作为城市经济社会发展动力源作用的"城市与机场规划理论"将被建立起来。

　　高铁枢纽和航空枢纽是我们这个时代城市空间拓展的"定海神针",是城市交通网络结构的最大锚固器。本书将聚焦门户型客运交通枢纽,特别是高铁枢纽和机场枢纽与城市空间规划的关系展开研究和讨论。

刘武君

2022 年 5 月 21 日

目录

前言 / 4

第 1 章　门户型交通枢纽的相关理念 / 15

  1.1　门户型交通枢纽的定义 / 17
  1.2　"组合出行论" / 19
  1.3　"一日交通圈" / 22
  1.4　"组合出行论"与城市空间规划 / 23

第 2 章　高铁、民航的运输组织与关联产业 / 27

  2.1　高铁枢纽与铁路的运输组织 / 30
    2.1.1　高铁枢纽 / 30
    2.1.2　铁路的运输组织 / 32
    2.1.3　枢纽辐射、干支分离、网运分离 / 34
  2.2　高铁枢纽与现代服务业 / 36
    2.2.1　高铁车站的周边开发 / 37
    2.2.2　日本东京新宿车站地区的业态构造 / 38
    2.2.3　上海虹桥商务区的发展壮大 / 40

2.3 航空枢纽与民航运输组织 / 42
    2.3.1 航空枢纽 / 42
    2.3.2 民用航空的运输组织 / 43
    2.3.3 上海航空枢纽的运输组织 / 45
2.4 临空产业链 / 47
    2.4.1 机场设施的功能分区 / 49
    2.4.2 四大临空产业链 / 50
    2.4.3 史基浦机场的临空商务设施群 / 53
本章小结 / 54

第 3 章　高铁视角下的城市空间规划 / 55

3.1 概述 / 57
3.2 济南西站与济南东西发展轴 / 58
    3.2.1 济南的城市发展与规划 / 58
    3.2.2 高铁枢纽与高铁新区 / 59
    3.2.3 高铁视角下的济南城市空间规划 / 61
3.3 郑州东站与郑州空间结构的再筑 / 63
    3.3.1 郑州市中心城区的空间规划 / 64
    3.3.2 郑州市的铁路与公共交通规划 / 65
    3.3.3 高铁视角下的郑州城市空间规划 / 66
3.4 长沙高铁车站与湘江新区 / 70
    3.4.1 长沙市城市空间规划 / 70
    3.4.2 长沙铁路发展简介 / 71
    3.4.3 湘江新区与长沙空铁枢纽规划 / 75
本章小结 / 79

第 4 章　民航视角下的城市空间规划 / 81

4.1 概述 / 83

4.2 民航视角下的南京城市空间规划 / 83
　　4.2.1 禄口国际机场的现状与规划 / 83
　　4.2.2 南京城市空间的拓展 / 84
　　4.2.3 民航视角下的南京城市空间结构 / 85
4.3 大武汉地区的机场与城市 / 86
　　4.3.1 武汉市、鄂州市的城市空间规划 / 86
　　4.3.2 大武汉地区各城市的总体规划 / 89
　　4.3.3 民航视角下的大武汉城市空间规划 / 92
4.4 民航视角下的天津城市空间规划 / 94
　　4.4.1 滨海新区与滨海国际机场 / 94
　　4.4.2 民航视角下的天津城市空间结构 / 96
本章小结 / 96

第 5 章　空铁视角下的城市空间规划 / 99

5.1 高铁车站与枢纽机场的一体化 / 101
　　5.1.1 高铁车站与枢纽机场航站楼对接 / 101
　　5.1.2 高铁车站不与枢纽机场航站楼对接 / 103
　　5.1.3 高铁对枢纽机场影响的对策建议 / 104
5.2 空铁视角下的上海东西发展轴 / 105
　　5.2.1 虹桥综合交通枢纽与虹桥商务区开发实践 / 106
　　5.2.2 浦东国际机场一体化交通中心与航空城开发研究 / 108
　　5.2.3 门户型空铁枢纽与上海城市发展轴 / 111
5.3 兖州"空铁新城"发展规划 / 113
　　5.3.1 济宁机场及其临空经济区 / 113
　　5.3.2 济宁临空经济区产业策划 / 114
　　5.3.3 济宁临空经济区空间规划 / 116
　　5.3.4 空铁视角下的兖州城市空间规划 / 117
本章小结 / 118

第6章　空铁视角下的城市群空间规划 / 119

  6.1　概述 / 121

  6.2　空铁枢纽与粤东城市群空间规划 / 121

    6.2.1　粤东城市群与中央新城 / 121

    6.2.2　潮汕高铁车站与揭阳潮汕国际机场 / 122

    6.2.3　空铁视角下的粤东城市群空间结构 / 124

  6.3　高铁上的长三角机场群与城市群 / 125

    6.3.1　上海虹桥枢纽撬动了长三角一体化 / 126

    6.3.2　江苏南通新机场与上海机场的一体化 / 128

    6.3.3　杭州萧山机场与上海机场的一体化 / 130

    6.3.4　空铁视角下的长三角城市群 / 132

  6.4　空铁枢纽与城市群一体化 / 133

    6.4.1　空铁视角下的乌吐一体化 / 134

    6.4.2　京津冀北的机场群与城市群 / 138

    6.4.3　空铁视角下的成渝城市群 / 140

  本章小结 / 143

第7章　海铁空视角下的城市空间规划 / 145

  7.1　概述 / 147

  7.2　双港驱动、海口腾飞 / 147

    7.2.1　海口的空铁枢纽 / 147

    7.2.2　海口的海铁枢纽 / 149

    7.2.3　海铁空视角下的海口城市空间结构 / 151

  7.3　海铁空视角下的厦门城市空间规划 / 153

    7.3.1　厦门城市组团的规划布局 / 153

    7.3.2　厦门门户型交通设施的发展 / 154

    7.3.3　海铁空视角下的厦门城市空间结构 / 155

  7.4　多门户型交通枢纽支撑的深圳城市空间规划 / 156

    7.4.1　深圳市的城市空间规划 / 157

    7.4.2 深圳的多个门户型交通枢纽 / 158

    7.4.3 海铁空视角下的深圳城市空间结构 / 160

  7.5 海铁空视角下的天津城市空间规划 / 160

  本章小结 / 163

第 8 章 陆路口岸视角下的城市空间规划 / 165

  8.1 概述 / 167

  8.2 横琴口岸型交通枢纽的项目策划 / 168

    8.2.1 陆路口岸周边业态调查 / 168

    8.2.2 横琴新区的城市规划 / 169

    8.2.3 横琴口岸型交通枢纽的规划建设 / 170

  8.3 港珠澳大桥口岸岛的空间规划 / 172

    8.3.1 港珠澳大桥口岸岛项目策划 / 172

    8.3.2 海珠城的开发规划 / 174

  8.4 门户型交通枢纽锚固珠海的公共交通网络 / 175

    8.4.1 珠海市铁路与城市轨道交通规划 / 175

    8.4.2 门户型交通枢纽重筑珠海的城市空间结构 / 177

    8.4.3 口岸视角下的深圳城市空间结构对珠海的启示 / 180

  本章小结 / 181

第 9 章 结语 / 183

图表目录 / 188

参考文献 / 192

后记 / 194

第1章 门户型交通枢纽的相关理念

我们现在所说的城市空间规划已经是非常广义的城市结构规划,需要综合考虑城市产业布局、城市交通网络规划、城市人口密度,以及城市市政基础设施的保障等方方面面的问题。城市空间其实是各种要素综合作用所导致的物理形态,这些要素主要还是产业(工作)、交通、人口(居住)和生态绿地(游憩)。但我们依然认为交通,特别是交通节点,即交通枢纽才是问题的起点,需要我们做更加深入细致的研究工作。

我们研究交通枢纽与城市空间规划的关系,必然涉及一系列的城市规划概念、理论和模式。首先需要对一些相关的理念,例如门户型交通枢纽、组合出行论、一日交通圈等,给出明确的定义和解释,以便大家有共同语言。

1.1 门户型交通枢纽的定义

枢纽两个字,"枢"指的是门轴,而"纽"是人们挑的箩筐上面绳子打的那个结,女性把长发盘起来在头上打的那个结也叫"纽"。从这两个字的释义,我们可以看得出来,枢纽就是事物的中心环节或者重要部分。

枢纽对应的英文叫"HUB & SPOKE"。用一个自行车轮来说就非常形象,HUB 就是轮轴,SPOKE 指的就是轮辐上的那些点(图 1-1)。

(a) 枢:门轴

(b) 纽:箩筐上绳子打的结

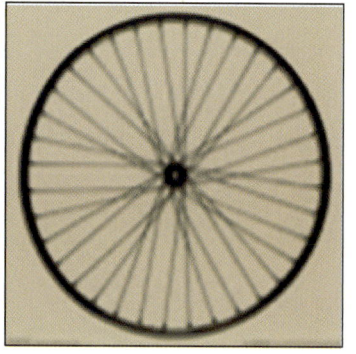
(c) HUB & SPOKE

> 图 1-1　枢纽就是事物的中心环节

对于城市来说,什么是枢纽有很多不同的回答。通常情况下,"枢纽"这个词意味着城市具有经济枢纽功能和交通枢纽功能。其实,城市都可以被看作是"枢纽",因其能级不同可被依次划分为小城市、中等城市、大城市、特大城市或大都会。而本书聚焦的是城市的交通枢纽,即城市的客运交通枢纽。

城市作为一个区域的重要经济和交通集散点,它的交通功能,也就是其交通设施的辐射能级,跟这座城市的规模相辅相成。城市规模越大,交通枢纽可能就会越多,规模也越大。当然不同的时代和不同的地理环境等,都会影响城市交通功能和交通设施的发展逻辑和形态。

本书中所说的"**交通枢纽**",是指两种或两种以上交通线路的换乘服务设施综合体;"**综合交通枢纽**",是指两种或两种以上交通方式的换乘服务设施综合体;"**门户型交通枢纽**"则是指以城市内、外交通方式换乘为主要功能的服务设施综合体。

城市对外交通系统的设施平台由"通道"和"枢纽"组成。城市对外交通枢纽,既是城市发展的起点,也是客货流进出城市的门户,因此被称作"门户型交通枢纽"。门户型交通枢纽是城市服务区域经济的关键性设施,它的规模和能级往往就是城市规模和能级的反映,也是城市内外交通组织水平的反映。

门户型交通枢纽总是会集聚各种交通方式,为旅客提供最便捷的换乘服务,从而也就集聚了大量的商贸和旅游人流,为城市中央商务区、中央交流区等城市核心性设施群的集聚和发展提供了可能。因此,我们必须充分利用门户型交通枢纽设施规划建设的机遇,以此为契机同步规划建设城市新的功能区,最大限度地发挥门户型交通枢纽的作用,使城市能够更好地辐射服务周边区域。

交通枢纽的运输组织方式有两种,我们可以据此将交通枢纽分为两种类型(图1-2)。一种是"**全向性枢纽**",旅客从各个方向来到枢纽,再从枢纽去往周围各个地方。许多市内轨道交通枢纽都是全向性的。还有一种是"**定向性枢纽**",旅客从某个扇形区域的各个方向(或以某些交通方式)来到枢纽,再从枢纽去往另一个扇形区域的其他地方(或转换为另一些交通方式)。门户型交通枢纽主要承担着城际交通与市内交通之间的转换功能,几乎都是定向性的。

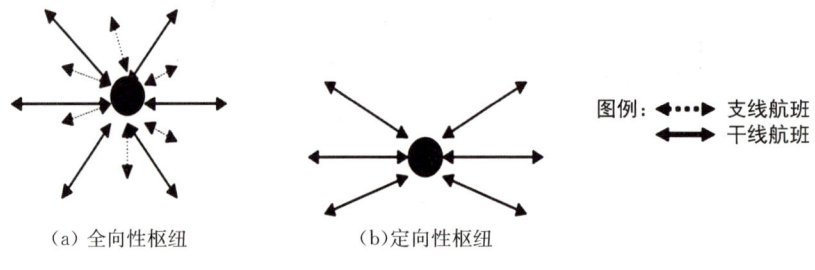

> 图1-2 全向性枢纽和定向性枢纽

1.2 "组合出行论"

每种交通方式的使用者密度和出行距离都是有一定规律的(图1-3)。比如步行适合的出行距离不能太远,使用者密度很高,每个人出门都会用到。而骑自行车出行适合的距离会远一点,但使用者密度要比步行低一点。用小汽车出行的话,适合的距离就更远了,使用者密度更低。公共汽车的使用者密度会高一些,城市轨道交通使用者密度更高,但它们基本局限于市内。铁路的使用者密度高,出行距离也远;高速铁路使用者密度高,出行距离更远。还有就是民用航空,使用者密度比铁路低,但出行距离比高铁更远。

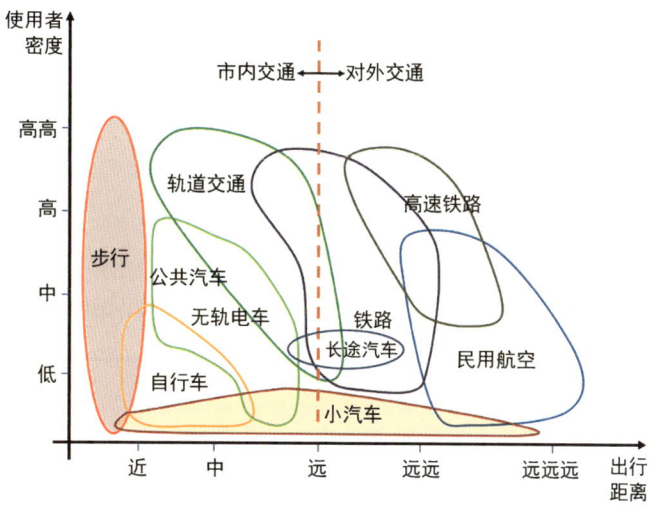

> 图1-3 城市的市内交通与对外交通

交通方式的使用者密度和出行距离这两种特性,决定了有一部分交通方式适合作城市的市内交通,另一部分适合作城市的对外交通,或曰<u>城际交通</u>。图1-3中的轨道交通和铁路是跨越市内交通和对外交通两个领域的。城市轨道交通跨出中心城区,在市域内城镇间运营,就叫<u>市域轨道交通</u>。在市域内运营的铁路,就叫<u>市郊铁路</u>或<u>市域铁路</u>。为市内交通与城市对外交通提供换乘的综合性服务设施,就是我们所说的"门户型交通枢纽"。

不同的交通方式就是支撑城市空间拓展的基础设施。也就是说,不同的交通方式对应支撑不同的城市用地半径。比如步行每小时可以走4~6 km,基本上只能支撑小城镇的发展;巴士每小时能开10~20 km,可以支撑中小城市的发展;地铁每小时旅行距离为24~35 km,能够支撑大中城市的发展；而高铁和磁浮交通每小时旅行距离可达 300 km 以上，可以让 200 km 半径内的城市产生同城效应，能够支撑区域经济一体化的发展。因此，城市空间规划能够做多大，就看交通工具能够跑多快啦！

这里有一个不同交通方式"45 分钟能够跑多远"的概念（图 1-4），它在我们的城市空间规划中非常重要。当然，除了步行、私家车等能够提供门到门服务的交通方式以外，其他交通方式还需要考虑两端换乘其他交通方式所需的时间。这就引出了另一个很重要的概念：组合出行。

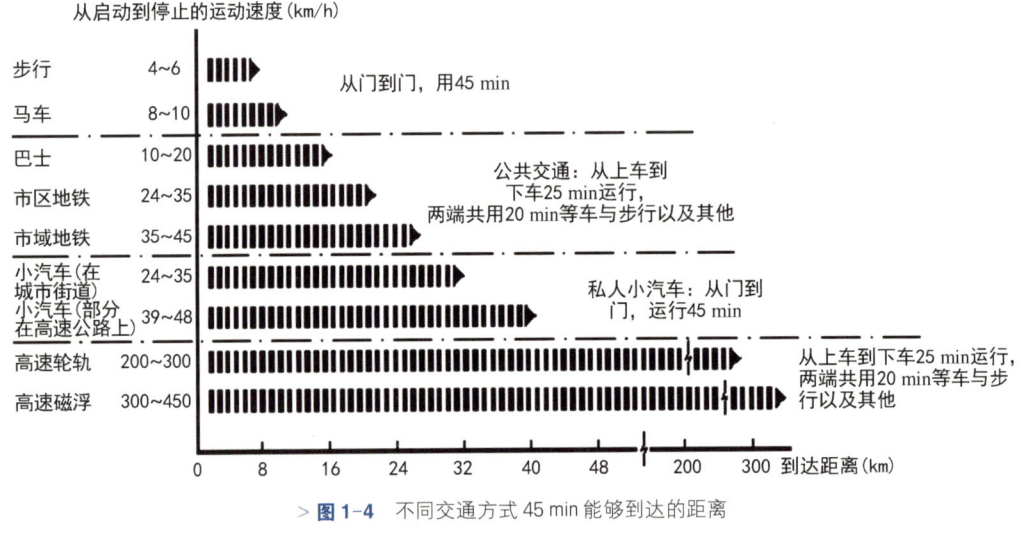

> 图 1-4 不同交通方式 45 min 能够到达的距离

人们在市内的出行基本遵循这样一个规律，即首先从出发地步行或者骑自行车，甚至是乘公共汽车或小汽车到达轨道交通车站，然后乘坐轨道交通前往另外一座车站，出站以后再步行或使用其他交通工具到达目的地。当然返程也是如此。这样一种市内出行的规律，我们称之为组合出行（图 1-5）。大城市市内交通压力大，应该提倡这种组合出行，因为这有利于形成我们所倡导的以公共交通为主导的交通体系。如果大家都开私家车直接从出发地到目的地，就容易造成道路拥挤和环境污染，而组合出行可以更集约地利用城市资源。

在这种组合出行的模式下，城市轨道交通的每一座车站都是一座综合交通枢纽。怎样做好大城市轨道交通站前广场的规划与运营，为旅客提供舒适便捷的换乘条件，就是非常重要的课题。这其中规划运营好各种公共汽车与轨道交通的换乘，是落实公交优先政策的关键点。公共汽车应该作为轨道交通的摆渡交通，为轨道交通车站所服务的地区提供"最后一公里"的服务（图 1-6）。

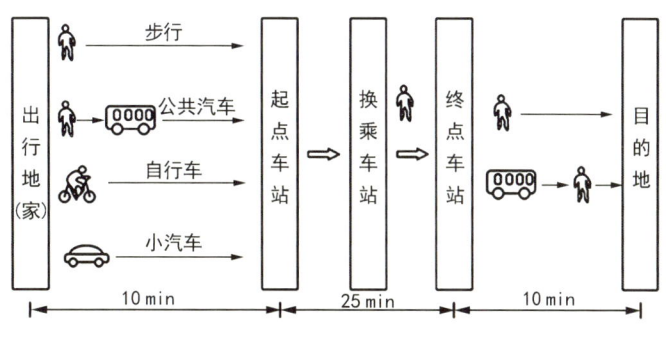

> 图 1-5 市内的组合出行模型

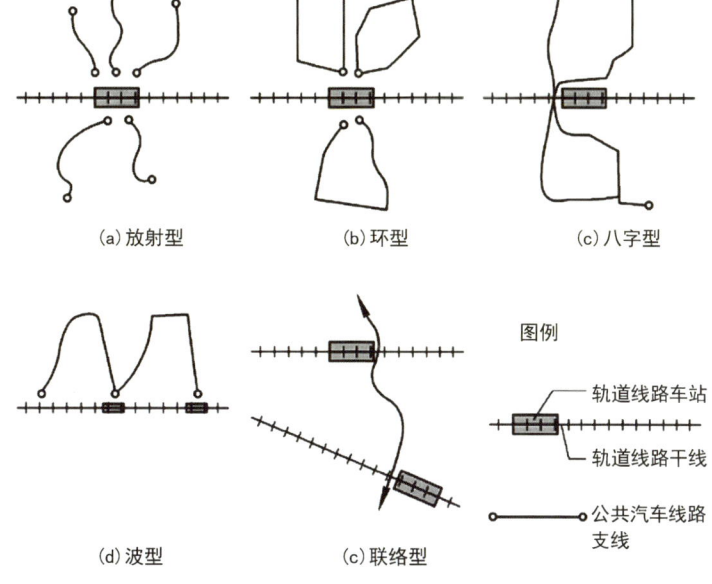

> 图 1-6 公共汽车为轨道交通摆渡旅客

在发达国家和地区,一些城市正是通过各种交通方式组合运营的模式建立了完善的公共交通系统。通过轨道交通在合适的地方设站,可以将城市的产业密度、建筑密度、人口密度和商业布局等做出一系列的调整,以各车站为"核"集聚相关设施,沿整个轨道线路,"发展轴"会自发形成。同时各轨道交通车站之间逐步形成不同的功能分工,在每座车站都形成不同内容和规模的商务、商业、服务、娱乐等公共设施的集聚,最终形成形式多样的"核轴式"城市体系。在日本,轨道交通有快慢之分,不同的速度会产生不同的时空概念,也因此改变城市土地的价值,影响城市公共设施的集聚。在这种发展模式下,在城市轨道交通的快车站、轨道交通与轨道交通的枢纽车站,就会形成更大一些的公共设施集聚。以枢纽车站为核心的公共设施集聚,就形成了不同层次的城市中心,这些城市中心服务不同尺度的车站周围地区。我们通过对国内外大量实例的分析研究,发现这个所谓"周围地区"的半径通常在500~1 000 m,这也正好吻合城市轨道交通的设站规范。例如某市以2010年为目标年的"近期轨道交通规划",就形成了"车站500 m半径覆盖区域图"(图1-7)。

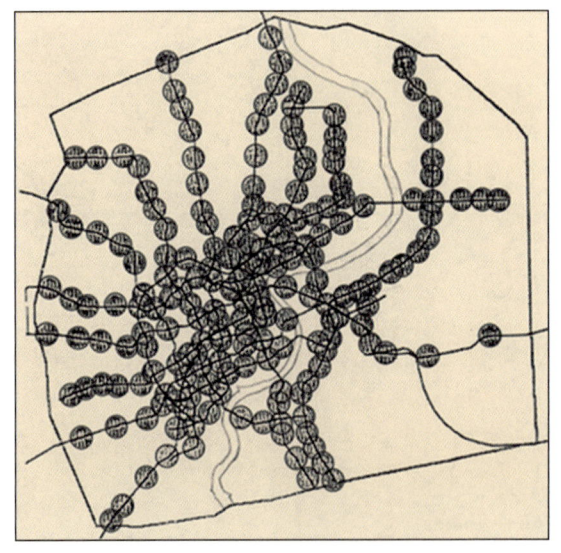

> 图 1-7 某市城市轨道交通覆盖率

综上所述,所谓组合出行,就是指通过多种交通方式完成一次出行的交通行为。它是与私家车出行相对立的,是与从出发地到目的地只用一种交通方式来完成的出行相对立的。本节所述的这些交通逻辑和规划理念之和,就是本书所说的"组合出行论"。

1.3 "一日交通圈"

与上节所述在城市内部出行一个小时以内到达目的地的"一小时交通圈"相对应,还有一个"一日交通圈"的概念。"一日交通圈"是指当天能够往返两地完成一次出行所覆盖的区域,即早晨从居住地城市出发到目的地城市后,完成 4 h 左右的工作或其他活动,还能够于当天返回居住地城市休息的一次出行所能覆盖的区域。具体到我们这个高铁与航空的时代,就是用 45 min 左右从家里到高铁车站或机场航站楼,去往目的地城市的门户型交通枢纽,然后换乘市内交通约 45 min 到达目的地,开会或参加其他活动,然后再按原路径返回(图 1-8)。这种当日往返的出行能够走多远,首先取决于城际交通能够跑多快(最多只能给 3 h 左右的运行时间);其次是利用市内集疏运系统到门户型交通枢纽要控制在 45~60 min;最后就是门户型交通枢纽本身的换乘便捷度(即旅客换乘在 15 min 左右必须完成)。

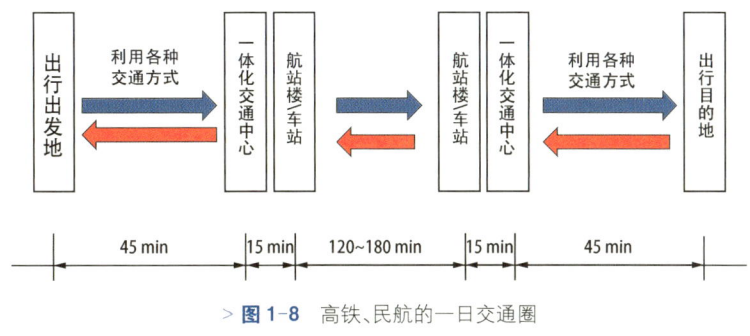

> 图 1-8 高铁、民航的一日交通圈

其实,我们之所以非常重视一日交通圈,是因为对于一个区域的中心城市来说,一日交通圈所覆盖的区域就是该中心城市的"**经济腹地**"。也就是说,对于中心城市来说,其居民当天往返能够跑多远,其经济腹地就有多大、辐射能力就有多强。城市的经济腹地越大、辐射能力越强,城市的竞争能力就越强,其发展前景也就越好。这就是中心城市都醉心于提高其交通工具运行速度的原因。过去上海的经济腹地是杭嘉湖、苏锡常,现在虹桥综合交通枢纽通过高铁将长三角 15 座城市纳入了上海的经济腹地,通过航空将全中国(除新疆),甚至东亚和东南亚的一部分城市都纳入了上海的辐射范围。因此我们看到各个中心城市都在花很大的精力,在不断地扩大自己的一日交通圈。

1.4 "组合出行论"与城市空间规划

采用组合出行模式就需要交通枢纽来解决旅客换乘问题,自然在这些交通枢纽所在的地区就会集聚大量的人流,就会形成不同的城市中心。比如在过去的一级公路沿线会形成一串大大小小的城镇;而高速公路开通以后,会促成那些有高速公路闸口的城镇进一步繁荣,那些被高速公路"抛弃"的城镇则会逐渐衰弱。其实从普通铁路到高速铁路,枢纽车站对城市发展的关系与上述从普通公路到高速公路的情况完全一样,高铁在哪座城市设站停车,就会给这座城市带来更大的繁荣。因此我们看到在区域规划的层面上,组合出行带来了"交通走廊＋交通枢纽＋城镇中心"这样的发展模型(图1-9)。

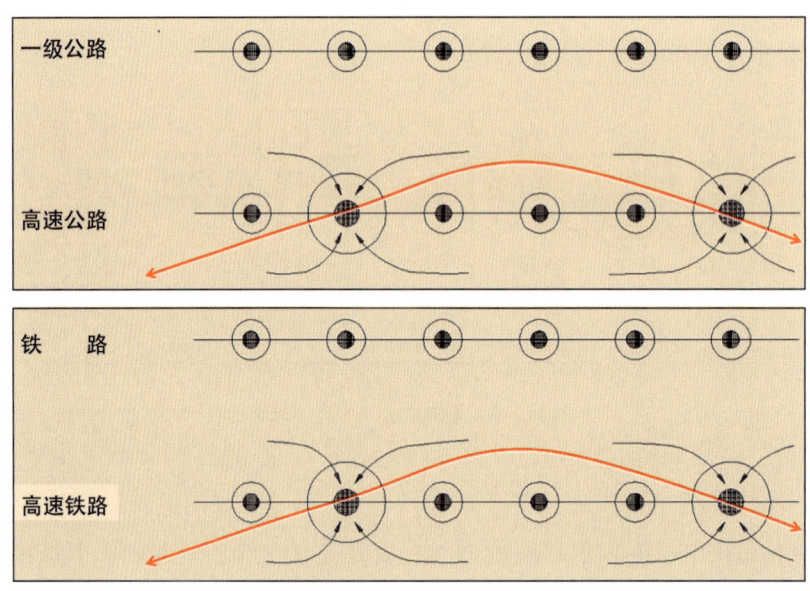

> 图1-9 "交通走廊＋交通枢纽＋城镇中心"城际模型

当多种交通方式都汇聚到某个中心城市的时候,就会形成该城市的门户型综合交通枢纽,实现城际交通与市内集疏运体系的换乘。在当今这个高铁和航空的时代,大量的旅客流量一定会带来城市公共设施的集聚,形成新的城市中心,甚至形成新的区域中心城市。上海的虹桥商务区就是通过虹桥综合交通枢纽的规划与运营,才逐步成为长三角的中央商务区(CBD)的。

同理,上述城市空间结构模型在大城市市内轨道交通的发展过程中也同样适用(图1-10)。在城市轨道交通走廊上的各车站周围地区也会形成公共设施的集聚,车站500 m半径内会出现明显的人口集聚、建筑密度增大、交通量增加等现象,以车站为中心会形成各种不同功能、不同特征的城市中心。在两条轨道交通线的换乘车站还会发生更大的集聚现象,形成规模更大、级别更高的城市中心。

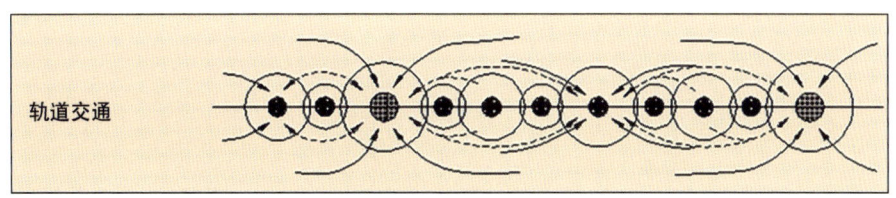

> 图 1-10 "交通走廊＋交通枢纽＋城镇中心"市内模型

因此,当城市轨道交通网络形成的时候,这座城市的空间结构就彻底被锚定了。这才是与组合出行相适应的城市空间结构,而这种空间结构与单一出行方式(即小汽车)的城市空间景观是截然不同的。这就是东京、上海和洛杉矶的区别所在吧!

实际上,在城市规划师看来,不同的交通工具是可以带来不同的城市空间发展模式的。在这方面,先辈们研发了许多城市与区域规划理论和发展模型。虽然理论和模式很多,但我以为只有"组合出行论"和"交通走廊＋交通枢纽＋城镇中心"模型才是符合中国大城市发展实际的。以上海城市总体规划为例,最初是按照"卫星城理论"设想在郊区规划建设 9 个卫星城,卫星城之间留有足够的距离,其间是大规模的农地和绿地,卫星城与中心城之间规划用市域轨道交通连接。但是这不符合轨道交通走廊的发展规律,以连接松江新城的轨道交通 9 号线为例,最初为了防止卫星城与中心城连为一体,规划只设 4 个站,后来由于种种原因不断增加设站,最后增加到了十几个站,完全变成了轴向发展模式。实际上,一方面轨道交通的规划建设必须要考虑沿线地区的经济发展和居民的切身诉求;另一方面也要考虑由于轨道交通的建设,沿线的地面交通和各种市政设施水平都将得到极大的提升,如果沿线依然规划大规模的农地和绿地,将是对这些基础设施资源的极大浪费。显然,这里有许多新的课题需要研究,需要找到符合上海实际的规划理论和发展模式。

在上海市科委的资助下,我们研究了轨道交通规划建设和运营管理的特征,以及轨道交通背景下上海城市空间发展的规律。在 1998 年的"上海城市交通与空间结构规划研究"①报告中,我们提出了大都会上海的城市空间结构示意图[图 1-11(a)]。随后十多年我们一直致力于宣传"组合出行论"与"交通走廊＋交通枢纽＋城镇中心"模型,使之逐步成为大家的共识。到 2016 年的时候,新一轮的《上海市城市总体规划(2017—2035)》对上海市未来城市空间结构的描述已经完

---

① "上海城市交通与空间结构规划研究"的科研报告,在 2004 年以《大都会——上海城市交通与空间结构研究》为书名在上海科学技术出版社出版。

全反映了这一发展规律[图 1-11(b)]。

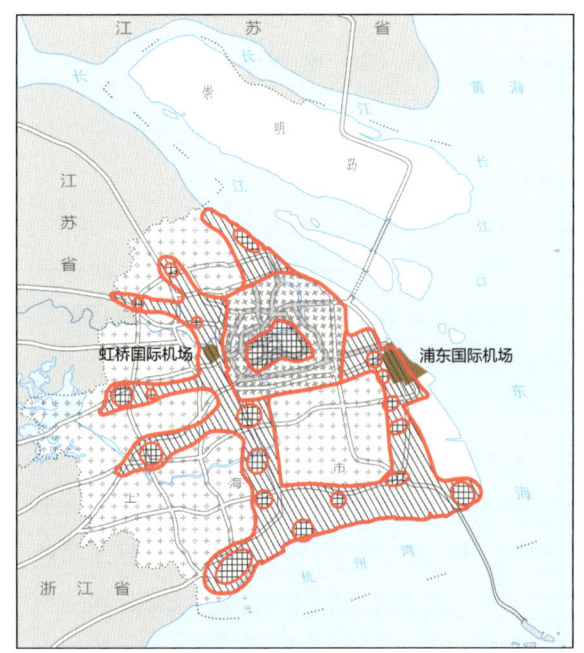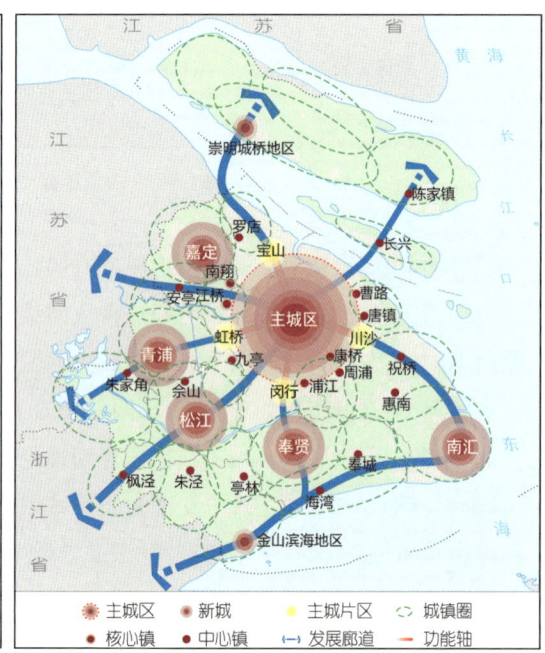

(a)"上海城市交通与空间结构规划研究"(1998) 报告中的城市空间结构示意图

(b)《上海市城市总体规划(2017—2035)》对上海市未来城市空间结构的描述

> 图 1-11 大都会上海的空间结构规划

综上所述,高铁与航空时代的门户型综合交通枢纽在中心城市的空间规划中非常重要,对城市总体规划的影响巨大。我们首先应该高度关注交通走廊和交通枢纽的规划设计,加强对门户型交通枢纽与其所在城市和区域关系的研究,要特别关注多个门户型交通枢纽在区域规划中所形成的"枢纽网络",并将门户型交通枢纽的规划布局纳入城市总体规划和区域规划之中,用门户型交通枢纽的规划建设来推动中心城市的发展和城市群的一体化进程。

第 2 章
高铁、民航的运输组织与关联产业

高铁和航空是代表当前这个时代的交通方式,我们对门户型交通枢纽的研究自然就聚焦于高铁的枢纽车站和航空的枢纽机场。

大家可能都知道"胡焕庸线",这条约45°倾斜的直线从黑龙江的黑河到云南的腾冲将中国分为东南和西北两个部分。胡焕庸发现这条线的东南侧36%的国土上居住着96%的人口,只有4%的人居住在西北侧64%的国土上。这条线的不可思议之处在于经过了80多年,中国虽然发生了翻天覆地的变化,人口迁移量巨大,但是这个结论一点未变。更有意思的是大家还发现,在其他的领域,胡焕庸线所揭示的规律普遍存在。从高铁运行动态图上来看,我国已有的高铁线网和600多个高铁车站的分布情况也完全符合这一规律(图2-1)。

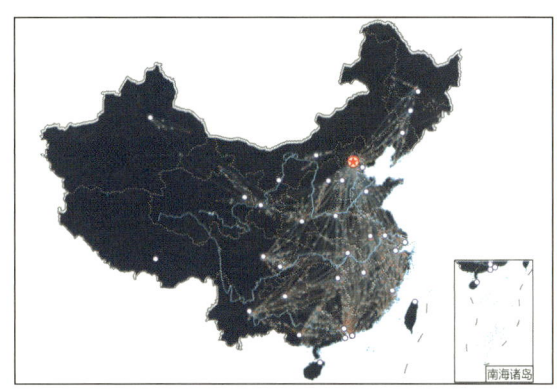
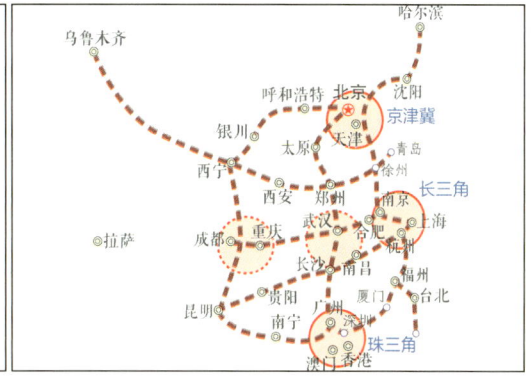

> 图 2-1 高铁运行动态与高铁枢纽分布

改革开放40多年来,我国民航业发展迅猛,2018年全行业累计完成运输总周转量1 206.4亿t·km、旅客运输量约6.1亿人次、货邮运输量约738.5万t,分别约为1978年的362倍、265倍和110倍,旅客运输量在国家综合交通运输体系中的比重已经从1978年的1.6%上升到2018年的31%。中国成长为仅次于美国的世界民航第二大国。到2021年,全国已有民用航空运输机场241座、通用机场357座(不含港澳台),全国上下机场建设的热情依然高涨。"一县一机场""一市两场""一区域多机场"的时代已经来临,机场群与城市群的课题也引起了人们广泛关注。但是,从飞行动态图和枢纽机场的分布上来看,胡焕庸线也同样适用于民航运输和枢纽机场的地理分布(图2-2)。

总之,由高铁车站和民航机场形成的门户型交通枢纽及其关联产业园区,几乎都分布在胡焕庸线以东地区。

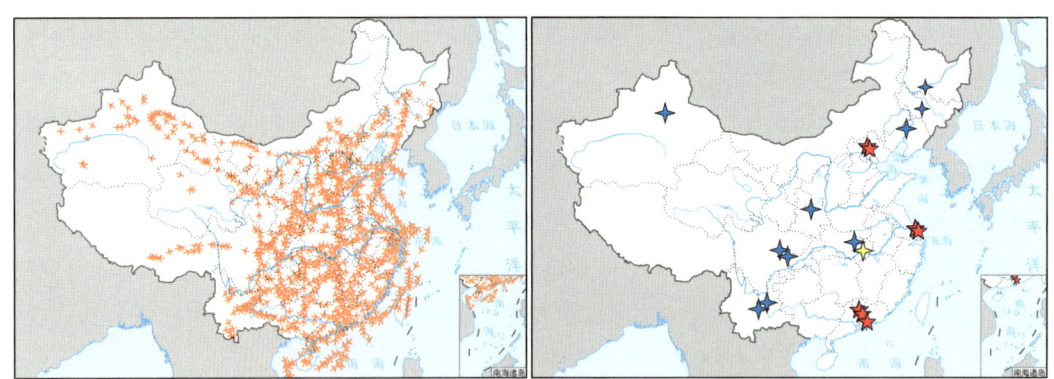

> 图 2-2　民航飞行动态与枢纽机场分布

今日中国,高铁和航空已经成为商务人士跨省或跨国出行的首选交通方式。中心城市的高铁车站和机场规模越来越大,枢纽产业的集聚越来越迅速。随之而来的就是高铁车站和机场航站区作为门户型交通枢纽,对城市总体规划、产业布局、人口分布等的影响也越来越大。

2.1　高铁枢纽与铁路的运输组织

截至 2020 年年底,我国高速铁路运营里程达 4 万 km。我国已成为世界上高铁运营里程最长、在建规模最大、高速列车运行数量最多、商业运营速度最快、高铁技术体系最全、运营场景和管理经验最丰富的国家。全国已经建成以"八纵八横"主通道为骨架、不同速度等级的国家干线和城际铁路补充的高速铁路网,建立了相邻大中城市间 1~3 h 的交通圈,以及三大都市圈城市群内 0.5~2 h 交通圈。快速发展的中国高速铁路,正改变着中国人的出行方式。根据中国国家铁路集团 2021 年统计,全国高铁网已覆盖 94.7% 的 100 万以上人口城市,设有 600 多个高铁车站(图 2-3)。这些高铁车站都将形成不同规模、不同层次的门户型交通枢纽,并不同程度地影响所在城市和区域的经济社会发展。

2.1.1　高铁枢纽

虽然每座高铁车站实际上都可能被规划建设成为一个综合交通枢纽,但是通常我们关注得比较多的还是那些旅客量大的、有两条以上高铁线路相会的车站。因为这些大型高铁车站既是所在城市的门户型交通枢纽,也是铁路路网内旅客中转的换乘枢纽。

> 图 2-3 中国高铁网络规划的基本构架

我国高铁网络规划建设的飞速发展，带来了城市综合交通体系和城市空间结构的重构、重筑和大规模更新改造。有些城市没能得到"高铁阳光"的照耀（没有高铁车站），面临发展前景黯淡、衰弱的风险。而另一些中心城市，如西安、郑州、武汉等，"暴晒"于高铁和城际铁路的"阳光"之下，从四面八方汇聚过来的高速铁路，往往让决策者们不知所措。于是出现了所谓的"米字形高铁"困惑，即在中心城市到底应该规划建设几个门户型交通枢纽的困惑（图2-4）。因为过多的门户型交通枢纽伴随的城市无序蔓延模式，往往不是城市总体规划所要的结果。

这里介绍一个比较极端的案例。莫斯科是俄罗斯的首都，13条铁路从这里出发前往全国各地（图2-5）。莫斯科铁路车站是按照每条线路各自设站的思路规划布局的，因此它在市区内设有9个铁路车站（有两条线合用一个车站的，也有通过铁路环线并入的）。对于这种规划布局，大家可以比较地铁运行模式与铁路运行模式的异同，以及各自的使用条件，研讨一下莫斯科铁路枢纽布局规划的得失与利弊。

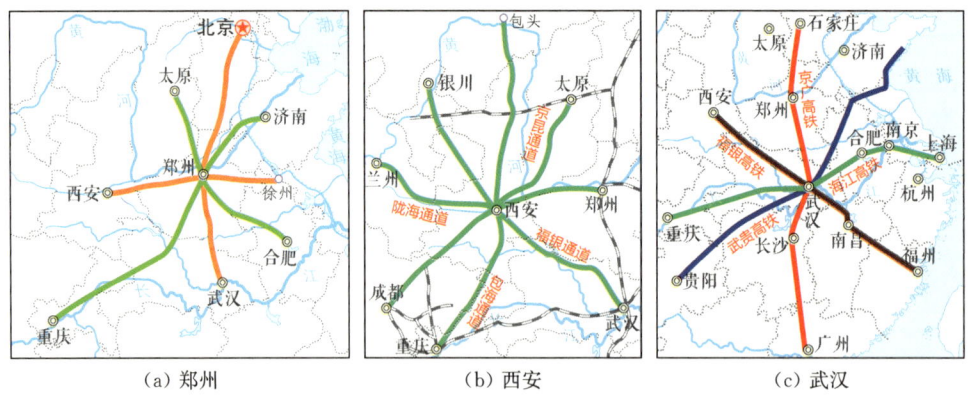

> 图 2-4 郑州、西安、武汉的"米字形高铁"

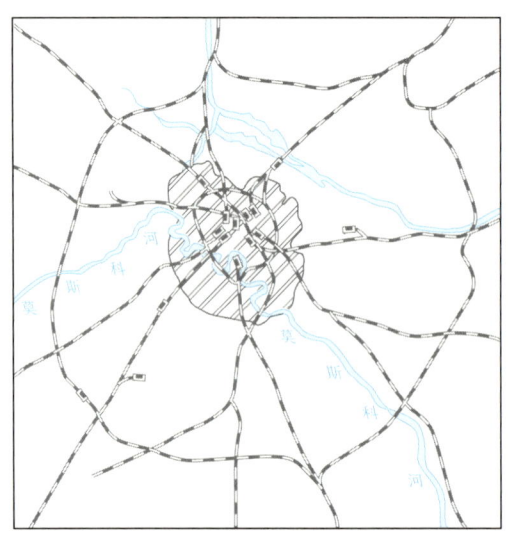

> 图 2-5 莫斯科的铁路枢纽

2.1.2 铁路的运输组织

铁路最初的运输组织方式是"点对点"的(图 2-6),但由于受到"线约束"的限制,如果要满足所有的"点对点"运输,铁路的运输能力将会大大降低,于是出现了"城市串式"的运输组织理念,即在铁路沿线设立若干车站用于组织货源和客流,较好地解决了运输组织与运输需求之间的矛盾。当前,我国铁路的运输组织方式比较单一,还是在这种"城市串式"模式下的发展和变形,是典型的线性模式。

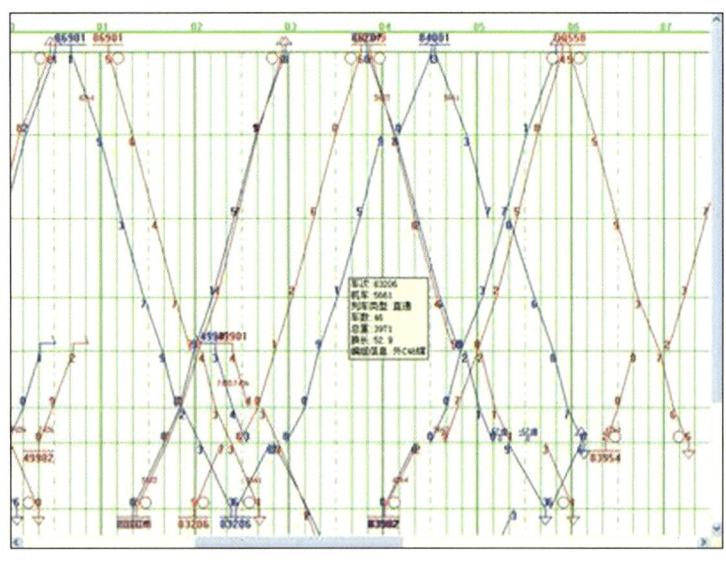

> 图 2-6 常见的铁路运输铺画图示例

按照现行的铁路运输组织理论和体系,铁路车辆运行可分为等旅速平行模式和多旅速非平行模式。但无论哪种模式,都是采用传统的"城市串式"运输组织理念,现在遇到的问题是:高速铁路的车站数量、停站次数、停站方式等,将直接影响其"高速度"优势的发挥。

传统的"城市串式"运输模式需要在线路沿线设立多个车站,通过各个车站吸引客流。但是增加停站次数,将大大降低旅行速度,使高速列车的运输能力大幅度下降,其影响体现在线路区间的通过能力和车站的接发车能力两个方面的下降。车站的日发车频率下降,就无法实现高铁高密度发车的目标,而只有高密度发车才能充分发挥高铁的高速度、大运能优势。同时设站太多还会导致列车种类增多、列车越行增多,这将严重削弱干线的通过能力,还会增加运行控制和维护的复杂程度,降低系统安全运营的系数。

这里讲个小故事。1988年我刚到日本留学的时候,教授带我们几个学生一起出差去前原。前原位于东京和京都之间,其车站是新干线上京都东边的一个小站,我们约好早上 7:00 各自从东京站出发。我 6:40 左右到了东京站,因为前原是小站,我就买了一张从东京到前原的"回声"号车票。上车后我才发现这个车次停的站很多("回声"号是新干线上每站都停的列车),等我到前原站时都已经是中午了。有个日本同学在那里等我,他告诉我教授一个多小时前就已经到达、先去开会了。我问他为什么能这么早到,他笑着回答我:"估计你不会乘车!"原来他们是先乘坐"光"号列车从东京到京都,中间只停大站;然后从京都车站返程再乘一站"回声"号到前原,这样他们比我早一个多小时就到前原了。而且他还告诉我,这样乘车只需要买新干线的"光"号列车票,不需要买从京都到前原的车票。后来我研究了一下日本铁路的运行组织模式,发现跟我们的运行模式有很大差别,我把他们的运行模式称为"枢纽辐射式"。其实在那个年代,日本的计算机售检票系统并不像今天这样强大,但是其旅客依然可以买到一张从出发地车站到目的地车站的车票,至于中间怎么坐车、怎么换乘,都可以由旅客自由选择,只不过如果买的是慢车票,则换乘快车时可能要加一点费用(其实有很多线路快、慢车收费是一样的)。这样就非常有利于旅客自己组织各种不同的行程,于是就产生了非常丰富多样的运输组织方案。今天的计算机技术已经有了突飞猛进的发展,相信会更有利于我们在铁路上采用这种运输模式。这种模式能够带来更多的运输组织方案,不仅会方便旅客,对铁路运营单位的列车配置和时刻安排也是非常有益的。

2.1.3 枢纽辐射、干支分离、网运分离

由于高速磁浮与高速铁路最突出的是速度优势,与以往交通运输工具不同,它们必须采用能够发挥其优势的运输组织模式。2004 年,我们在国家 863 计划研究课题"高速磁浮交通系统适应性研究"中,明确提出了"枢纽辐射、干支分离、网运分离"(图 2-7)的运输组织理论和具体方案。

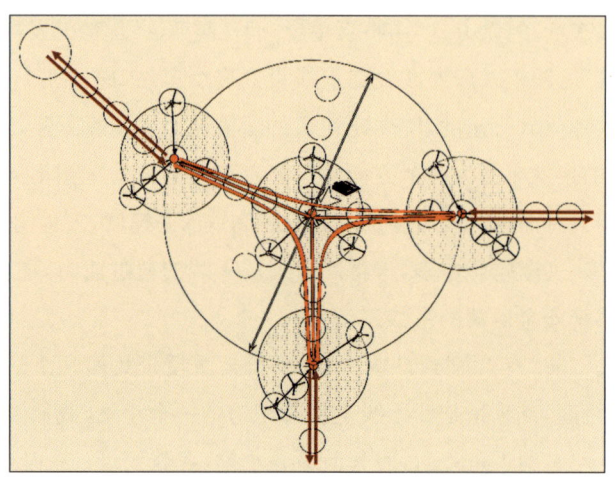

> 图 2-7 "枢纽辐射、干支分离、网运分离"模式示意图

"枢纽辐射"是我们提出的高速磁浮和高速铁路的运输组织模式,即在枢纽城市之间以点对点直达快速干线组成骨干网络,枢纽与周边地区的客流集疏则以辐射方式分别由磁浮支线、铁路、公路、城市地铁或其他交通方式提供,从而形成"枢纽-辐射"运输结构。这种客运组织模式虽然增加了换乘,但因高速高频的运输方式能让旅客以更短的时间完成旅行而为大家所接受。

由于"枢纽辐射"的基本原则是枢纽间干线列车"点对点"直达高速运行,并利用从枢纽出发的支线和市内集疏运系统向周边地区集疏辐射,因此高速磁浮和高速铁路实现"枢纽辐射"的前提是"干支分离"。

"干支分离"指的是高速磁浮和高速铁路的线网结构(图 2-8)。要保证干线上开行的旅行速度达 450 km/h 以上的直达列车不因通过车站而降低速度,且保证干线列车的高密度运行,干线列车与支线列车的开行方式就必须分开。为克服干线设站进城对列车旅行速度的影响,以及城市的总体规划及环境的约束,在干线无法进城时,采用支线进入城市设站方案,高速列车在干线上将速度降低到 200 km/h 以下,通过干线所设的 4 组道岔进入支线,以不影响后续车辆的高速通过;而高速列车以 200 km/h 速度沿支线进入城市,对周边环境的影响较小,可发挥其在速度低时选线灵活的特点。支线可以与城市的规划和环境充分协调,有利于实现与高速公路、铁路、机场及城市轨道交通的衔接,提供综合客运交通系统的"无缝隙"运输服务。

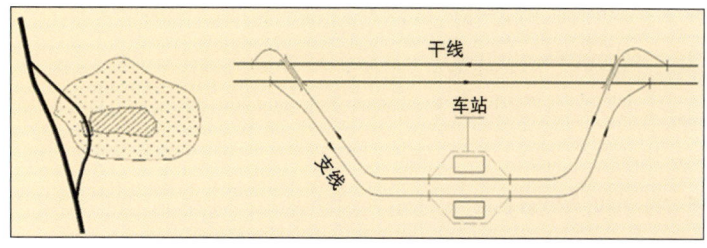

(a) 贯通式

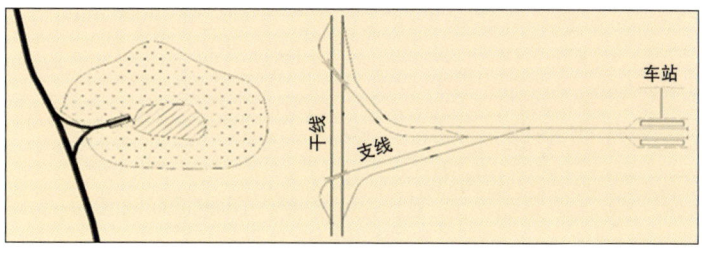

(b) 人字型

> 图 2-8 "干支分离"示意图

实现"干支分离"以后,高速磁浮和高速铁路的干线在枢纽与枢纽间可以用"点对点"方式开行大编组干线列车,平均旅行速度能达到 450 km/h 以上,保证在 800～1 500 km 距离内 3 h 左右舒适到达,满足商务、公务旅行人员当天往返的需要,这就给陆上交通旅行带来了质的变化。在枢纽车站则利用所在区域的支线,通过开行旅行速度为 200 km/h 左右的小编组高密度支线列车,实现枢纽车站对周边中小城市的辐射,把辐射区域内的旅行时间控制在 0.5～1 h 以内。

在这种模式下,支线的概念也会随着线路网络的逐步形成而变化和拓展。随着线路网络的不断发展,各种制式的城际线、市域线、市内线,还有公交巴士、出租车等,也可以看作是高速磁浮和高速铁路的支线运输组织方式,它们都加入进来为旅客提供综合客运交通系统的"无缝隙"运输服务。可见"干支分离"实际上是执行"枢纽辐射"的具体措施,就是为了保证高速列车在各个枢纽间能够实现高密度、大运量、高速度的直达运行。

显然,采用"枢纽辐射、干支分离"模式,能够使干线维持高速运行,从而提高系统的运行效率和服务水平,提高高速列车线路网络的整体经济性。因此,我们认为"枢纽辐射"是现代高速交通运输中的一种科学、合理、有效的运输模式。从交通网络的角度分析,它具有较强的服务功能,并能产生潜在的经济效益,是一种成功的交通运输组织形式。

"网运分离"是把具有自然垄断性的国家干线路网的基础设施的运营管理,与具有竞争性的高速列车的运输经营分离开来,即把高速磁浮与高速铁路线路网络的基础设施——线路、供电、运行控制等,同运输工具(车辆)、运输服务、经营管理等分离开来。这样一来就有利于按照投资多元化、管理社会化、经营市场化的原则实现所有权和经营权的有效分离。因此"干支分离、网运分离"模式本质上是引入竞争机制,这不仅能有效地提高运输效率,而且能为投融资体制改革和运输管理体制改革创造很好的条件,更能体现"收益者投资"原则。因此,我们认为"干支分离、网运分离"是保证高速磁浮和高速铁路发挥效益的运营管理模式,也非常有利于提高政府管制的效率和水平。

2.2 高铁枢纽与现代服务业

高铁枢纽与城市空间总是关系密切,无论是城市新区还是既有城区,它的周边地区都会很快构建起品质卓越的城市商务中心(CBD),或城市活动中心(CAD)、城市流通中心(CCD)。如果因势利导、适时推进得好,高铁枢纽就会成为再筑城市空间的发动机,成为城市经济社会发展的动力源,并辐射周围区域的城乡生活,形成时空拓展。

高铁枢纽的门前区域，即门户型交通枢纽地区是现代服务业的集聚地，最常见的产业构成为：商务办公、商业零售、餐饮服务、会议展示、旅游娱乐、交通运输、酒店住宿等。其土地利用的最突出特征是"混合利用"，其设施形态越来越大型综合体化，而且尺度越来越大。

2.2.1 高铁车站的周边开发

高铁车站往往选址在城市的中心或城市新区的中心，因此应该优先开发与枢纽相关的城市功能与产业。

枢纽地区应该优先发展下述三大功能：①商务贸易功能，应在枢纽周边开发一批可供出售、出租的商务办公设施；②零售、娱乐、餐饮功能，应与枢纽建设结合，开发一批商业服务设施；③宾馆、酒店等住宿功能，应在枢纽周边地区开发各种不同档次的住宿设施。在枢纽地区应次优先发展以下产业：①铁路物流产业，应在高铁枢纽货运设施附近开发关联物流园区；②供应链关联产业，应在枢纽周边地区建设采购、结算、加工等园区；③高科技产业，应在枢纽附近发展高科技的高端制造设施。

高铁枢纽周边地区的开发要与城市的发展规划相结合，一定要认真研究清楚在这块土地上开发什么样的具体设施才能够更好地为城市经济服务。我们做过多个高铁枢纽地区开发的专题研究，发现高铁枢纽地区最常见的设施如下（图2-9）：

（1）企业总部设施：吸引国内外企业，特别是所在城市和区域的大型企业总部、运营中心、研发中心、销售中心、售后服务中心等的入驻。

（2）生产服务设施：发展枢纽服务业，开发大型购物中心、商业零售、铁路物流、快递、仓储、供冷供热等设施。

（3）金融服务设施：促进以拉动内需为主的金融服务业的发展，特别是促进各种消费金融服务的发展，推进采购结算中心的形成。

（4）专业服务设施：开发咨询与中介服务、医疗、文化、教育培训等设施，发展以光电子为代表的各种高端制造业、软件业等。

（5）创意产业设施：发展以电子媒体、美术、工艺品、设计业、时尚产业为中心的各种创意产业。

（6）会议展览设施：利用高效便捷的枢纽优势，面向省域和全国的内向型贸易博览会、产品展销、文化旅游产品博览等提供各种会议服务，特别是为全国和大区域提供当日往返的"一日会议"服务。

（7）住宿娱乐设施：开发各种档次、各具特色的住宿设施和休闲娱乐等服务设施，包括宾馆、酒店、住宅、公寓、餐饮店、健身房、棋牌室、KTV 等。

> 图 2-9 高铁枢纽地区常见的产业设施

2.2.2 日本东京新宿车站地区的业态构造

新宿位于日本东京都中心区西北部,距金融中心银座约 8 km,是东京都内最主要的繁华街区之一(图 2-10)。新宿车站始建于 1885 年,当初只是为了连接赤羽与品川,是早期的铁路线山手线的一部分。1889 年中央线的前身甲武线开通,之后又有新宿至半藏门间的市内有轨电车和京王线开通,于是新宿就开始成为东京连接各个地方的心脏。现在新宿车站集聚了高铁、城际铁路、私营铁路、国营铁路、地铁、公交巴士、长途巴士、出租车、私家车等多种交通方式,是世界上旅客量最大的综合交通枢纽,每天的旅客量超过 400 万人次,车站地区每天有 360 万人以上的购物人群。以新宿车站为中心的繁华街区的各种商店每天的零售总额超过 1 兆日元,是日本也是世界上"旅客流量+现金流量"最多的繁华街区。新宿街区可分为西新宿、南新宿、歌舞伎町三个部分。

1958 年下半年东京都政府提出建设三个城市副中心(即新宿、涩谷、池袋)的方案,并首先从新宿着手(图 2-11)。经过近 30 年的建设,到 20 世纪末新宿城市副中心已经在新宿车站的西边建成。现在新宿车站以西的西新宿是东京都新的行政与商业中心,东京都的行政中心东京都厅就位于此处。除此之外,西新宿还吸引了许多大型企业的总部入驻,已经建成的商务区总用地面积为 16.4 hm²,商业、办公及写字楼建筑面积为 300 多万 m²,并形成了东京最大的超高层建筑群(共有 40 栋大厦),其中不乏百米以上的摩天大楼。

第 2 章 高铁、民航的运输组织与关联产业

> 图 2-10 新宿车站地区的城市景观

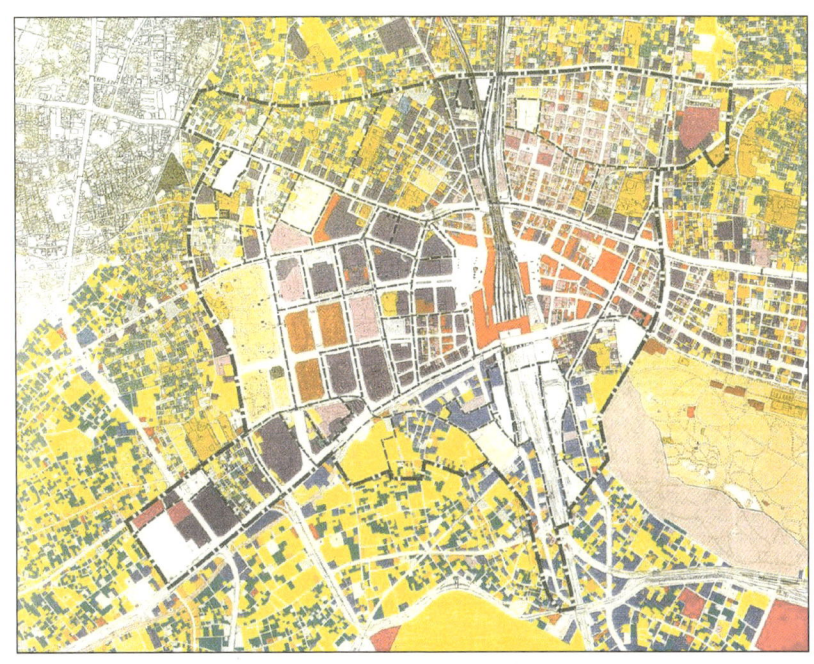

> 图 2-11 新宿车站地区土地利用图

新宿车站南出口方向则是百货公司与商店街云集的商业地区,其中最著名的有高岛屋百货公司的旗舰店"高岛屋时代广场",还有知名日本连锁书店纪伊国屋的总店。相对于西新宿的现代化与整齐,新宿车站以东的东新宿地区,则是最热闹也是最混乱的传统商业街地区,闻名海内外的歌舞伎町就在这里。

新宿还集聚了庆应义塾大学医学部、工学院大学、东京医科大学、东京女子医科大学、东京理工大学、早稻田大学、日本法政大学、学习院大学等24所日本的高等学府,优质的教育资源吸引了世界各地不同肤色的留学生来这里学习、生活。

2.2.3 上海虹桥商务区的发展壮大

2010年,随着虹桥综合交通枢纽建成投运,上海虹桥商务区的开发建设也紧锣密鼓地展开。当时,虹桥商务区规划明确提出"提高城市辐射能力,服务长三角、服务全中国;形成扩大内需的商务中心,带动地区经济发展"的功能目标。如今十余年过去了,一方面,作为上海城市发展战略重要支点的虹桥综合交通枢纽和虹桥商务区,已经成为全国独一无二的交通枢纽和服务长三角乃至全国的骨干工程;初步形成了面向长三角的、品质卓越的商务地区(CBD)(图2-12),已逐步

> **图 2-12** 上海虹桥商务区的城市景观

成为上海西部辐射长三角的活力核心和上海城市发展轴的重要结点;同时,虹桥综合交通枢纽和虹桥商务区还塑造了一个个性非常鲜明的上海市的门户形象,成为长三角的代表和上海市的靓丽名片。另一方面,虹桥综合交通枢纽的建成投运,还彻底改变了长三角综合交通网络的结构,使沪宁、沪杭和沪湖宣三个交通走廊完美地整合在一起,并形成了便捷的换乘枢纽。由于交通基础设施的一体化是区域城镇一体化、经济一体化的基础,因此虹桥综合交通枢纽还促成了长三角城市体系的再筑。

虹桥商务区面向社会投资者开展开发规划和城市设计工作,特别突出了产业多样性规划,并有针对性地提出了商务区土地混合使用的解决方案。商务区核心区规划设计的面积约 4.7 km²,除去 1 km² 的国家发展中心项目,剩下 3.7 km² 共有 31 个出让地块,共 352 栋建筑单体,总建筑面积达 585 万 m²,其中地上建筑面积为 340 万 m²,地下建筑面积为 245 万 m²,社会投资总额达 900 多亿元。项目功能涉及商务办公、会议展览、商业服务、住宅宾馆、文化娱乐等多个方面(图 2-13)。到 2021 年,土地出让工作已经基本完成。

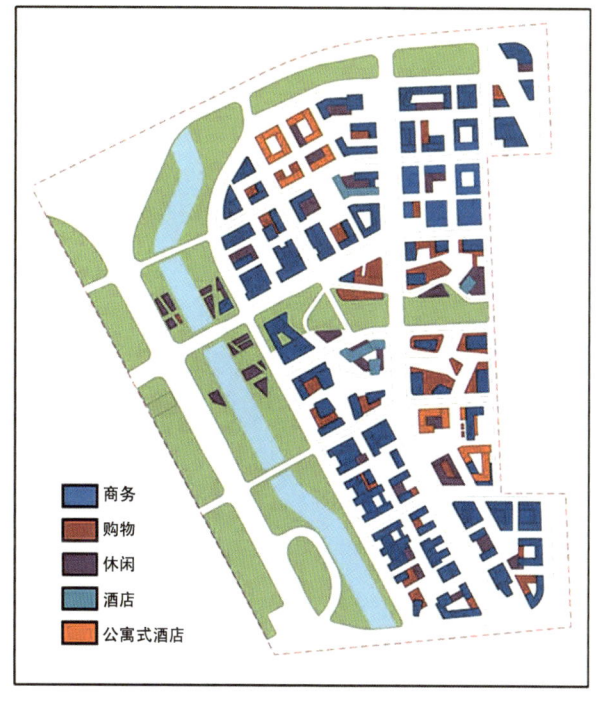

> 图 2-13　上海虹桥商务区的业态布局

虹桥商务区集聚人流、物流、资金流，以国内商务交流为特色，事实上分担了上海"四个中心"服务长三角的职能，成为上海重要的现代服务业集聚区之一。经过十余年的发展，我们现在已经可以看到虹桥综合交通枢纽和虹桥商务区在服务长三角、服务全中国，特别是在促进长三角经济一体化方面成效卓著。以虹桥商务区核心区为中心，其两翼的产业、经济发展速度远远超出项目预期，长三角的CBD正在快速形成之中。

总之，虹桥综合交通枢纽撬动了上海未来经济的大发展，大大促进了长三角交通运输的一体化和区域经济的一体化，虹桥商务区集聚了大量高端产业，正在成为长三角的CBD，获得了国内外的广泛好评。

2.3 航空枢纽与民航运输组织

这里所说的航空枢纽是指大型、超大型机场。航空枢纽对于城市空间规划的影响是非常大的，要研究航空枢纽，首先要研究以机场为中心的航空运输组织问题。航空运输组织问题的实质就是机场设施的用途和功能问题，其核心是机场设施的定位。对于枢纽机场来说，机场的定位和以机场为核心的航空运输组织就是机场规划建设的依据。

2.3.1 航空枢纽

到目前为止，我国还没有统一的枢纽机场定义。通常认为的枢纽机场应该具备两个基本特性：一是具备中转功能，中转量占一定比例；二是旅客吞吐量达到一定规模，只有规模大，才能对地方经济有拉动效益，广义的枢纽功能才会显现。根据国内外机场发展情况，现在人们通常把机场的年旅客吞吐量达到1 000万人次以上的机场定义为"枢纽机场"。

关于我国机场的分类和定位，国家民航局曾在机场布局规划中提出分为四类：枢纽机场、大型机场、中型机场和小型机场（表2-1）。

我们认为机场是服务城市经济发展的重要基础设施。因此，枢纽机场的分类应与机场所在的城市或区域在国家交通运输体系中的定位相关，即应取决于机场服务的对象和区域。国家级枢纽机场对应国家级城市群，服务对象应是全国的旅客，如北京、上海、广州等国际大都市，服务于京津冀、长三角、珠三角等国家级城市圈；跨区域级枢纽机场，不但为本省服务，还为周边区域服务，服务范围扩大到城市圈，如武汉、成都、重庆、西安、昆明等的机场；区域（省）级枢纽机场，服

表 2-1　2006—2020 年我国民航机场发展布局规划中的机场分类

类型	2010 年规划目标	2020 年规划目标
枢纽机场	7 个：上海虹桥、深圳、成都、昆明、海口、西安、杭州机场	复合枢纽机场：首都、上海浦东、广州白云机场 大型枢纽机场：首都第二国际机场，厦门、重庆、青岛、大连、南京、武汉、沈阳、乌鲁木齐机场
大型机场	24 个：厦门、重庆等机场	7 个：三亚、温州、宁波、银川、西宁、石家庄、无锡机场
中型机场	28 个：三亚、温州等机场	
小型机场	125 个	增加 32 个

务基本在省域范围内，如长沙、福州、青岛、大连等的机场。香港国际机场比较特别，主要服务对象为国际旅客，它已经是国际级枢纽机场。

鉴于上述，我们把我国现有的枢纽机场分为 4 类：

（1）国际级枢纽：香港机场；

（2）国家级枢纽：首都、上海浦东、广州白云、北京大兴机场；

（3）跨区域级枢纽：武汉、成都、重庆、西安、昆明、上海虹桥、深圳机场。

（4）区域（省）级枢纽：年旅客吞吐量达 1 000 万人次以上的其他机场。

2.3.2　民用航空的运输组织

民航运输有两种最常见的组织模式：一种是点对点的（城市对航线）运输组织模式，现在这种模式在我国还是多数；另一种就是"枢纽-辐射"的运输组织模式。以美国为代表，在民航运输中广泛采用了"枢纽-辐射"模式。如图 2-14 所示，某区域共有 9 座城市机场，其中 2 座城市是大城市，也可以叫做中心城市。如果采用点对点的飞行方式，那么每两座城市之间都有运输需求，就要运营 36 条航线。如果采用"枢纽-辐射"的飞行方式来进行运输组织，那么可在 2 座大城市建设枢纽机场，把周围相对较小城市的机场变成支线机场；航空公司用较小的飞机将旅客从支线机场运输到枢纽机场；再用较大飞机将各支线机场运来的旅客从枢纽机场运输到另一座枢纽机场；最后将另一座枢纽机场的旅客用较小飞机运输到其他支线机场。通过这种运输组织模式只需运营 8 条航线，即可满足所有城市的通航要求，同时航空公司也能保证其客座率、降低成本，空域资源的需求也会减少。对旅客来说，虽然增加了换乘带来的不便，但由于航空公司成本大幅下降,换乘的飞机票价比较低,多数旅客还是乐于接受的。这样的运营模式对机场建设来说也有很大好处,支线机场只需要很小的投入就可以满足运输需求。

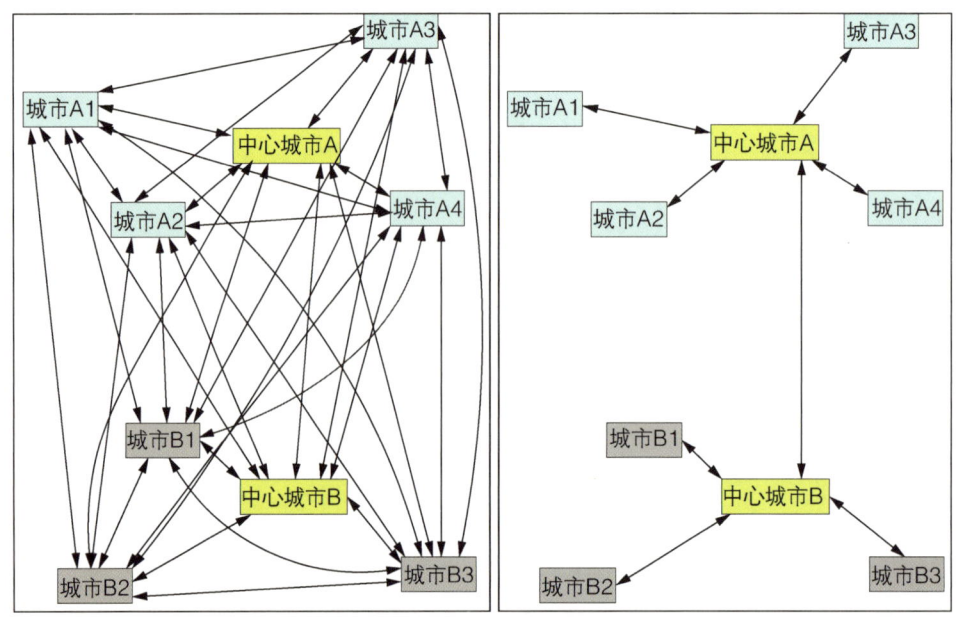

(a) 城市对航线（9座城市需要36条航线） (b) 枢纽网络航线（9座城市只需要8条航线）

> 图 2-14　民航最常见的两种运输组织模式

"枢纽-辐射"这种运输组织模式非常有效,但它有一个很重要的前提就是"小飞机适合飞短距离,大飞机适合飞长距离"。如果大飞机飞短距离,它起降的损耗会很大,就不经济；小飞机飞长距离的话,则总要在中间停站加油。于是航空公司就发明了"枢纽-辐射"这样一种运输模式。

上述这两种模式几乎每一座机场,特别是大机场都在采用。我国按"枢纽-辐射"模式运营得比较好的有云南、新疆的机场。以乌鲁木齐机场为例,其周边 13 座支线机场的旅客先乘坐小飞机到达乌鲁木齐机场,然后再乘大飞机从乌鲁木齐前往北京、上海和广州等大型枢纽机场。美国几家大航空公司的"枢纽-辐射"式网络都运营得很好。例如美国航空公司在美国有五座枢纽机场,枢纽机场周围有许多支线机场（图 2-15）,然后美国航空公司用干线航线把这五座枢纽机场连接起来,其整个航空运输网络就形成了,基本上覆盖美国全境。

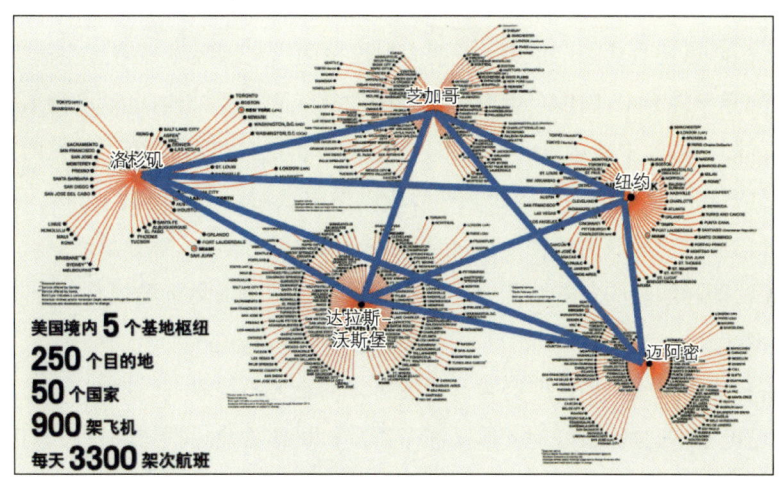

> 图 2-15　美国航空公司在美国的"枢纽-辐射"式航空运输网络

显然,这种"枢纽-辐射"的运营模式有很多优点,唯一的缺点是旅客需要换乘。为了方便旅客换乘,航空公司会统一调度,将几座支线机场的旅客在同一时间都运输到枢纽机场,并让大飞机在枢纽机场等待这些转机旅客在下一时刻起飞。这样,枢纽机场在某一时刻飞机集中到达,而接下来的某一时刻又集中出发,若一日之中几次重复就形成了"航班波"。对于枢纽机场来说,航班波非常重要,把航班波组织好了运输组织也就做好了。

2.3.3　上海航空枢纽的运输组织

上海航空枢纽的定位为"大型复合枢纽",其功能包括以下四个方面:作为本地集散枢纽是其基本功能;作为中国门户枢纽之一是其核心功能;作为国际中转枢纽和国内中转枢纽是其潜在功能;作为国际货运枢纽是其突出功能。所谓中国门户枢纽是指国内旅客可在上海转机去国外,国外旅客可在上海转机到国内其他机场,这种功能是潜在的,需要同日本成田机场和韩国仁川机场竞争。同样,作为国内中转枢纽,很多客人来上海是为了转机到其他地方,例如东北的旅客到浦东国际机场是为了换乘飞机到广东、海南去,这样机场就形成了国内中转的功能。

上海目前有浦东、虹桥两座民用机场,这两座机场如何分工定位,一直是一个重大课题。首先,上海市以"一市两场"为一体的方式来构建航空枢纽,将航线网络不断调整与融合,最大限度地实现旅客在一座机场内的多种换乘,华中和华南的旅客集中在虹桥国际机场,东北各省、新疆、云南、西安这些地区航线的旅客换乘国际航线比率较高,则集中安排到浦东国际机场。

其次,浦东国际机场的功能定位为:近期内形成以国内与国际本地对运市场为基础,国际与国内和国内与国际中转为主,国内与国内中转为辅的航线和运量结构;远期则随着航权的综合使用而逐步增加国际与国际中转运量的比重,最终成为包括上述四种中转运量在内的国家级复合型航空枢纽。虹桥国际机场的功能定位为:形成以国内点对点为主,国内与国内中转为辅的基本格局;同时承担城市和区域的各种专机、包机功能,以及商务航空、警务航空等通用航空运营机场的功能,并保留国际航班的备降功能。浦东国际机场和虹桥国际机场相互配合,两座机场共同构建上海航空枢纽。

最后,虹桥和浦东两座机场之间必须有便捷可靠的交通系统联系。现在,两座机场的集疏运道路交通网络已经基本建成,很好地支撑了浦东国际机场作为货运枢纽的发展。在客运方面,有已经开通运营的轨道交通2号线和实施运营了一半的磁浮机场快线,还有一条连接两座机场的铁路机场快线正在建设之中。

基于以上两座机场的功能定位,上海机场采用了三种航空运输组织方式(图2-16)。一是"枢纽-辐射"方式,即让东北、西南、西北等地区用"枢纽-辐射"方式,先通过地区内支线机场将客货集中到该地区的枢纽机场,然后通过干线航班输送到上海机场。二是点对点直飞方式,即离上

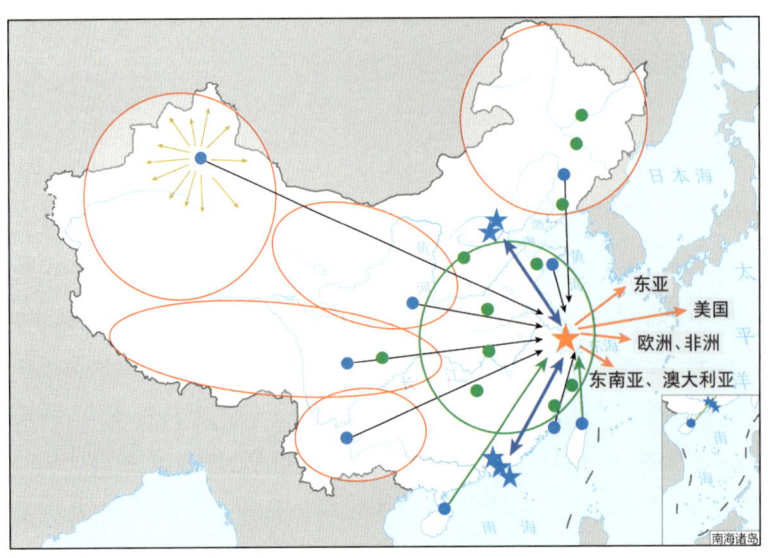

> 图2-16 上海机场的运输组织方式

海比较近的城市的航班可直飞上海,但直飞的城市要控制,就是要选择能够保障较高航班客座率的城市,特别是商务客人较多的城市。这些城市的航班会按照上述功能定位分配到浦东和虹桥两机场。三是"空中巴士"方式。虹桥国际机场开通了京津冀和珠三角两个方向的高频率航班,把它们运营成为旅客到达机场就随时能走的"空中穿梭巴士"。

我们可以看看虹桥国际机场最繁忙的两条航线,即"京津冀—上海"航线和"珠三角—上海"航线。两条航线上的几乎所有航班都被安排在虹桥国际机场,而到浦东国际机场的航班每天不到十个,因为"京津冀"和"珠三角"这两个地区都有世界一流的国际机场,其到上海来的绝大多数人都是以长三角或上海为目的地的,因此到浦东国际机场去换乘国际航班的旅客很少。这两条航线上的航班密度非常高,虹桥国际机场到北京的航班一天就有70多班,高峰时达到近100班。虹桥国际机场到珠三角的航班班次还要多,因为珠三角有香港、深圳、广州、珠海和澳门五大机场。这两条航线占虹桥国际机场近60%的起降架次,而且商务客人非常集中。随着跑道容量日趋饱和,虹桥国际机场上运营的机型也是越来越大。

再看虹桥国际机场的其他类型航班,比如飞往郑州、武汉、昆明、成都、西安、重庆、长沙、厦门、台北等地的航班,它们都被运营成为"商务快线"。所谓商务快线,是指航班班次一天超过10班的航线。商务旅客到机场来乘飞机,是极不愿意长时间候机的,他们希望能随到随走。这类人群对机票价格不敏感,但对时间非常敏感,如果在机场能随到随走,也许还能在当天返回,商务活动的效率就大大提高了。因此若机场一条航线的班次一天超过10班,就能较好地满足这类商务旅客的需求。虹桥国际机场一直在大力推进上述第三种运输方式,即"空中巴士"方式,所有与虹桥国际机场开通商务快线的城市都能实现"当日往返"。

上海通过航空枢纽的建设,经济辐射圈不断扩大,现在已经可以覆盖全中国和东亚,甚至部分东南亚地区。这就达到了虹桥国际机场发展的最高目标:提高辐射能级、服务区域经济。

支撑上述航空运输的地面设施就是与虹桥、浦东两座机场配套运营的空地一体化的门户型综合交通枢纽:虹桥综合交通枢纽和浦东国际机场一体化交通中心(图2-17)。

2.4 临空产业链

临空产业是指那些在机场周围地区(即临空地区)集聚的、与航空运输直接或间接相关的产业。这些产业的生存和发展直接或间接地依托于机场和航空运输,它们不仅只是产品和生产资料的运输依靠航空,而且其生产过程本身也是机场和航空运输生产的一部分。

(a) 虹桥综合交通枢纽

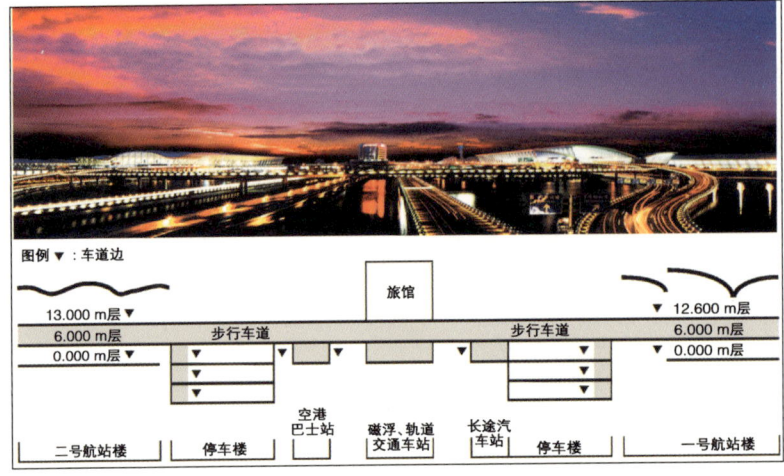

(b) 浦东国际机场一体化交通中心

> 图 2-17　上海的两个空地一体化的门户型综合交通枢纽

机场规模较小时,机场以城市配套设施的面目出现,随着机场运输量的逐步增长,在临空地区就会出现临空集聚,即一些与机场功能相关的产业设施会与机场一起发展壮大起来。于是,为了保障机场与临空产业的协调发展和临空产业自身的健康发展,就需要达成某种共识,甚至需要官方正式发布"临空产业发展规划"这一类的法规和文件。

2.4.1 机场设施的功能分区

我们以虹桥国际机场为例来认识一下机场设施的功能分区。虹桥国际机场的所有设施加起来占地 8.9 km²,包括中国民航华东管理局、华东空管局、东航集团公司、华东航空油料公司、上海机场集团等管理机构等的用地约 3 km²。也就是说,可以认为虹桥国际机场 6 km² 的土地能够承担每年 4 000 万人次旅客量的生产任务。应该说虹桥国际机场的功能分区是非常清晰、紧凑的(图2-18),其有两条近距离跑道,两座航站楼及两个综合交通枢纽,相关管理机构集中在东区。虹桥国际机场又是虹桥综合交通枢纽的一部分,枢纽设计的每日处理能力是 110 万人次旅客量(2016 年五一小长假期间已经达到这个量)。虹桥机场、虹桥综合交通枢纽和虹桥商务区的面积共计 26.26 km²。

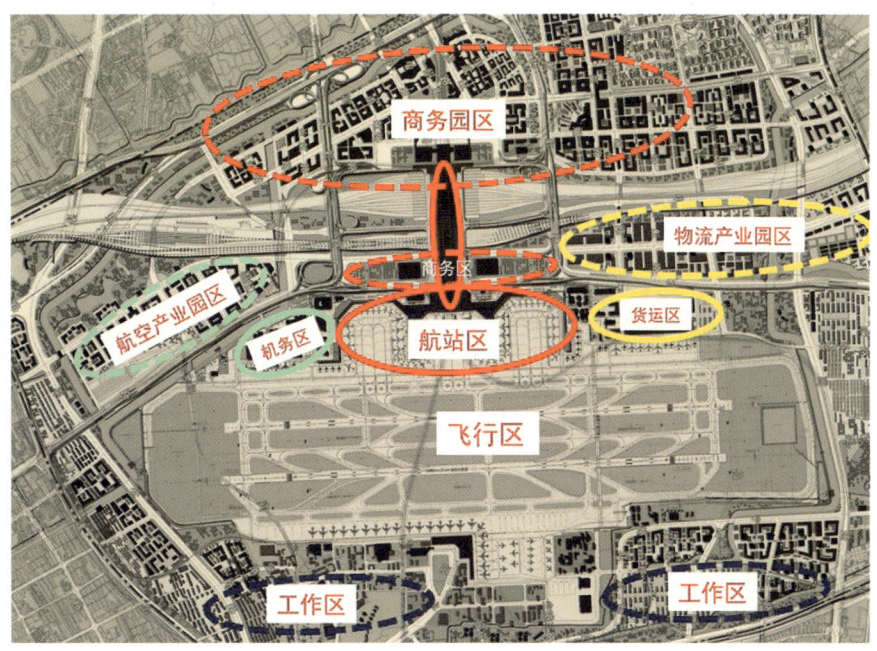

> 图 2-18 虹桥国际机场的功能分区

其实，所有的民航运输机场都一样，可以分为六个功能区（含设施群），即飞行区、航站区、货运区、机务区、工作区和陆侧的集疏运系统。

飞行区主要由跑道、滑行道、停机坪，以及相应的消防救援设施、通信导航设施等组成，且一定是采用物理的飞行区围界与外界完全隔离。虹桥国际机场的飞行区在做了南北两个绕行滑行道以后，其界面是非常清楚的。飞行区设有专门供车辆和人员进出的通道和卡口。飞行区是机场的核心，它与城市没有直接联系，跟外界没有接触，所以飞行区没有产业链接口。

航站区是旅客运输的空、陆转换区域，集聚大量人流，以航站楼、站坪为核心形成综合交通枢纽。航站区向外延伸会形成拥有客流、资金流、信息流的超长产业链。通过陆侧的集疏运系统，航站区可以跟外界建立紧密的联系。

货运区是机场各种货物运输的空、陆转换区域，汇集了大量物流。以货站为龙头，向外延伸会形成一个物流产业链。货运区发展达到一定规模以后，就会发展出航空物流园区、保税园区，甚至自贸区，与之相关联的一系列产业设施都会向这里集聚。因此，货运区跟外界的联系是非常紧密的。

机务区是航空器检测、维修、改装、制造，以及机上用品供应等的功能区域，专业性很强。随着机场飞行架次的增长，以及机务维修、机上用品保障等业务发展的需要，机务区也会形成延伸的产业链。

工作区是机场各进驻单位的办公、商务、商业、生活设施，以及公用市政配套设施集聚的区域。这些功能设施的逐步完善和发展，会使工作区逐渐城镇化，同时集聚第三产业，形成一条完整的城市服务产业链。

陆侧客货集疏运系统是机场与城市和区域相连的交通设施群，由不同类型、不同等级的各种交通方式和交通设施组成，包括高速公路、一般道路、城市轨道交通、城际铁路、高铁，以及水上交通等各种设施。

2.4.2　四大临空产业链

在机场，特别是大型机场的周围地区，由机场的主要功能分区向外延伸，会形成性质、规模不同的四大临空产业链（图2-19）。

1）以航站区为起点向外延伸的商务交流产业链

商务交流产业链包括金融设施、会务会展设施、商务设施、商业零售设施、旅游设施、其他服务设施等，还可以进一步延伸出去。多数情况下，人流、资金流、信息流会以航站楼为起点，沿着

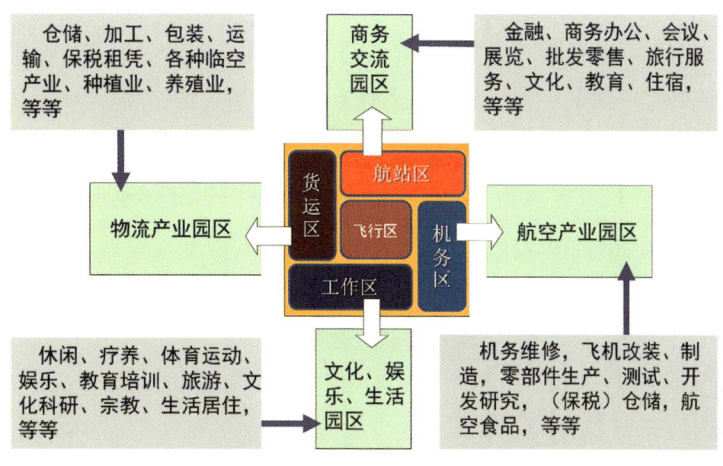

> 图 2-19 临空产业链上的设施群

陆侧集疏运系统的走向往城市方向延伸,城市因此会随之规划建设与之相适应的设施群,从而形成临空产业中最重要的设施群,可以称之为商务交流园区。

2)以货运区为起点向外延伸的物流产业链

物流产业链是与货运区相关联的,或者说是以货运设施为龙头的产业链,包括各种仓储设施、包装设施、加工设施、制造设施、运输相关设施,以及相应的海关、边防、检验检疫、工商行政等设施。这是一个很大的产业链,这些设施集聚起来就会形成临空物流产业园区。

3)以飞机的维护和运营保障为核心的航空产业链

航空产业链包括机场管理与运营维护、航空公司运营维护两个方面的设施群。具体来讲,就是飞机的维修、改装、制造设施,零部件的制造、存储、测试、开发设施,以及以航空食品为代表的各种机上用品的生产、储存设施群和其他相关保障设施群。它们集聚就可以形成航空产业园区。

4)航空关联的居住与生活服务、文化娱乐,以及高端的教育培训、科学研究等形成的产业链

航空关联产业链在空间上与前面三大产业链的设施往往是关联在一起的。但当这条链上的设施具备一定规模以后,就会相对独立地形成一块区域,可以称之为文化、娱乐、生活园区,即城镇。该园区最常见的是与商务交流园区形成一体化城区。

总之,机场的四大临空产业链都可能会形成相应的临空产业园区。每一条产业链的发展情况、土地使用情况又都跟机场的三大运营指标(旅客吞吐量、货物吞吐量、航班起降架次)直接关联。需要说明的是,这四条产业链之间的界面并不是泾渭分明的,它们总是相互联系、互为因果、

相辅相成的。

北京大兴机场最初的总体规划方案中，机场货运区和机务区都是布置在机场西跑道以西、京开京广高速以东的狭长区域的。在大兴机场总体规划研究讨论的过程中，我给出了图 2-20 所示的这张规划示意图。我建议将大兴机场的货运区和机务区都布置在机场东跑道以东的北京与廊坊交界区域，北部以机场机务区为龙头发展航空产业，南部以机场货运区为龙头发展物流产业。这样就可以在大兴机场与廊坊市之间，以现有的廊坊工业园为基础发展出一个包含物流和航空两大产业集群的临空产业园区。

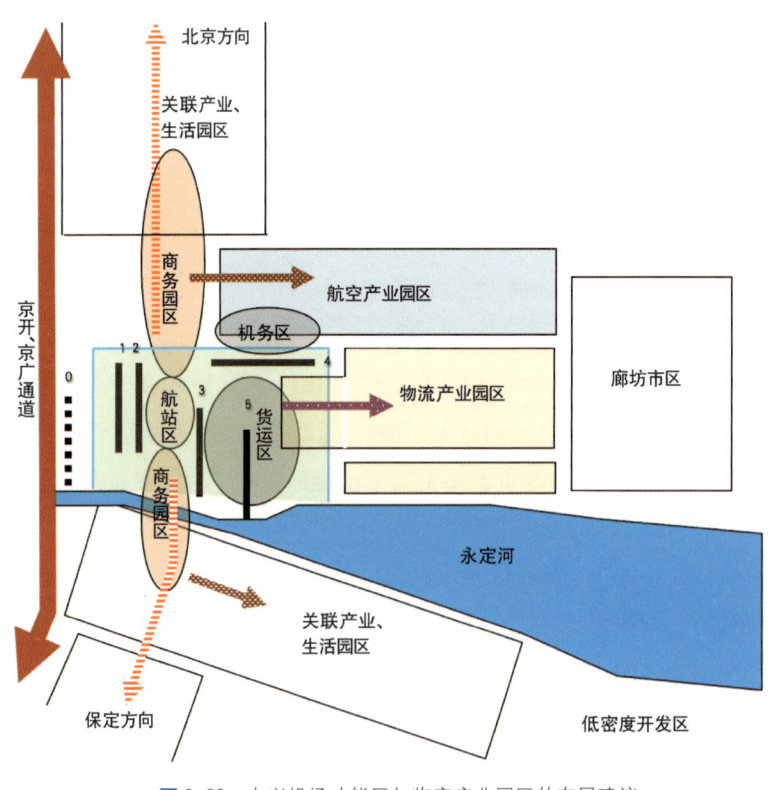

> 图 2-20　大兴机场功能区与临空产业园区的布局建议

提出这个规划建议的目的，就是要为临空产业的发展预留空间，为机场集团未来在临空地区，通过合资合作开展土地开发和经营管理埋下伏笔。如果再加上由机场航站区一直向北延伸至南苑 CBD 的航空商务园区、机场南侧的高档居住区等，我们就可以为大兴机场未来经营性设施的开发预留出一个非常大的舞台。

2.4.3 史基浦机场的临空商务设施群

史基浦机场是荷兰和欧洲主要的门户型航空枢纽港之一，2019年旅客吞吐量为7 171万人次，居世界第12位；货运量为159万t，居世界第19位；航班起降架次为50万架次，居世界第12位。史基浦机场为了充分挖掘机场的功能，提出了机场发展从"机场"到"航空城"的概念，认为机场不仅是一个运送旅客、装卸货物的地方，也是一个完整的"城市功能区"，是一个汇集了人、商业、物流、零售、信息和娱乐的动态区域(图2-21)。史基浦"航空城"具有以下几个突出的特点：

(1) 与外界拥有良好的高速公路、地铁、高铁、普铁和空中航线连接。

(2) 机场24 h全天候运行。

(3) 为商务活动和人员提供各式各样的服务及设施。

(4) 具有高品质的商业场所和设施。

所以，史基浦机场当局不仅将机场视为一个交通基础设施，同时也将其看作是一个具有巨大收益性的商业设施。对于整座机场，除了跑道、航站楼、道路、停车楼等基本设施外，史基浦机场当局还专门成立了Schiphol Real Estate公司，对航空城内的土地进行综合开发。

> 图2-21 史基浦机场航站楼前的商务园区

史基浦中心(Schiphol Centre)是史基浦机场"航空城"概念里的重要一部分，被称作是航空城的"Dynamic Heart"。史基浦中心直接与航站楼通过步行通道连接，轨道交通车站和大规模的消费设施，包括咖啡屋、餐馆、购物中心、便利店都在步行范围之内。世界贸易中心(WTC，World

Trade Center)、喜来登酒店(Sheraton Hotel)、希尔顿酒店(Hilton Hotel)等可以提供大规模的交流和会务服务。

位于史基浦机场的世界贸易中心(WTC)项目按照单元式的发展模式,分期分批进行建设(图 2-22)。1995 年一期竣工,2003 年二期竣工。现在的世界贸易中心包括 4 个高低组合的单元,总建筑面积约 55 000 m²,每幢建筑都有单独的出入口、800～1 000 m² 的大厅,以及 5 000 个停车位。

> 图 2-22　航站楼前的单元式发展模式

本章小结

全国有如此多的高铁枢纽和枢纽机场,如果说它们在其规划建设和运营管理方面、在其周边地区的开发和枢纽产业的发展方面有什么共性,那就是本章说到的这些内容了。从另一个角度来看,它们对城市空间结构的影响,或者说它们在城市空间拓展和再筑中所起的作用,那就因城市不同而大不一样了。本书会在接下来的各章中具体分析。

如果说高铁枢纽和枢纽机场是我们这个时代城市经济发展和城市空间再筑与拓展的发动机,那么毫无疑问,高铁枢纽经济区和临空产业园就是推动这个时代城市经济社会发展的机翼。我们必须要真正理解高铁与航空的运输组织理论和运营模式,为城市装上发动机、插上枢纽经济的双翼,使之平稳地飞向蓝天。

第 3 章
高铁视角下的城市空间规划

3.1 概述

中国高速铁路的规划建设是近20年里的事情,基本上是沿现有交通走廊选线、在主要的区域中心城市设站。因此,一般情况下高速铁路在通过城市时,首先会考虑与位于城市中心区的既有铁路车站结合。由于大多数既有车站已经建成多年,与城市融合在一起,旅客已经形成了固定的出行习惯,如果高铁车站能够与之结合,则既有利于服务好旅客、获得更多客源,也有利于综合利用铁路既有设施设备、压缩建设投资、减少运营成本。但是,由于高铁线路转弯半径大,若一定要进入城市建成区,可能会带来较大的动拆迁成本,存在一系列不利因素,往往会造成项目的可行性降低或不可行。所以我们看到许多高铁车站都选址在远离市中心的城市边缘地区或郊区。经过综合研究分析,我们总结出高铁车站的选址大致有如下四种模式(图3-1):

第一种是位于老城区,高速铁路具备进入市中心区的条件,石家庄站、南宁站等就是这样的。这种模式会给旧城区改造带来机会。

第二种是位于老城郊区,即高铁车站选址在既有城市建成区的边缘地带,它会带来高铁车站面向郊区一侧形成新的发展园区,荆州站、上海虹桥站等就是这样的。

第三种是位于新旧城区之间,这种选址既有利于老城的保护和更新发展,也有利于新城的开发和拓展,郑州东站、南京南站等就是这样的。

第四种是位于辖县、远郊,即高铁车站由于种种原因选址在离开既有城市建成区一段距离的郊区,这种情况下在既有城区与高铁车站之间就会形成新的城市开发区,往往被称为"高铁新区",济南西站就是代表性案例。

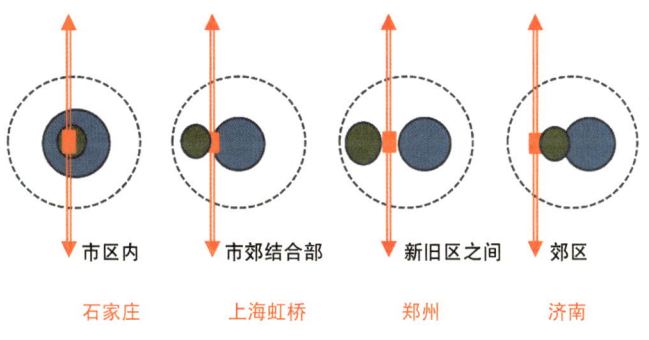

> 图 3-1 高铁枢纽选址与城市空间规划模式

无论采取哪一种模式,高铁车站都是城市新的最重要的门户型交通枢纽,其选址建设会给既有城市的规划建设带来新的挑战和机遇。为了抓住这一转型升级的重大机遇,这些城市的总体规划都必须作出相应的修订,目的就是为了抓住机遇、迎接挑战,重筑城市的空间结构。

以下通过济南西站、郑州东站和长沙南站这三个案例加以阐释。

3.2　济南西站与济南东西发展轴

济南是山东省省会,别称泉城,是济南都市圈的核心城市,国务院批复确定的环渤海地区南翼的中心城市。济南南依泰山,北临黄河,有2 600多年建城史,是第二批中国历史文化名城和首批中国优秀旅游城市。济南历史悠久,是中华文明的重要发祥地之一。城子崖是新石器时代晚期以黑陶为标志的龙山文化发现地。济南全市下辖10个区、2个县,总面积为10 244 km²,城市建成区面积为841.2 km²。济南市常住人口为933.6万人,2021年地区生产总值为11 432亿元。

3.2.1　济南的城市发展与规划

济南地处中国华东地区、山东中西部、华北平原东南部边缘,北连京津冀、南接长江三角洲地区,是环渤海经济区和京沪经济轴上的重要交汇点,华东地区重要的交通枢纽之一。按照济南市城市总体规划,位于泰山和黄河之间的济南城区,由东部城区、主城区、西部城区构成(图3-2)。中部的主城区为济南主城,定位为世界级的文化魅力地区,济南的文化艺术、旅游休闲、商业商务集聚区。东部城区以科创大走廊和国际内陆港建设为契机,规划整合提升高新区的高端制造业和加工业、大规模生活居住和公共服务业等城市与产业功能。西部城区以国家科学中心、国际医学中心、央企城、长清大学城等重大项目为依托,规划在提高城市档次的同时大幅增加西部就业岗位和生活服务设施,促进西部城区的职住平衡。

按照济南市城市总体规划的要求,主城区内需要转变以私家车为主的交通模式,逐渐形成"公交优胜、慢行优先"的绿色交通服务模式。要加大绿色交通服务供给,提升服务水平,加快建设城市轨道网,并通过完善的轨道网支撑济南带状城市的组团形态优化。同时要注重城市空间和功能结构的塑造,构建轨道支撑的多中心组团式城市结构。要合理控制各个城市组团空间尺度,避免形成"摊大饼"式的超大城市组团。要合理规划城市中心和用地功能布局,城市中心均衡布置,城市用地混合布局,促进城市职住平衡。因此对于济南市来说,高铁车站的选址和高铁新区的规划建设就是一个实施上述战略的重大机遇。

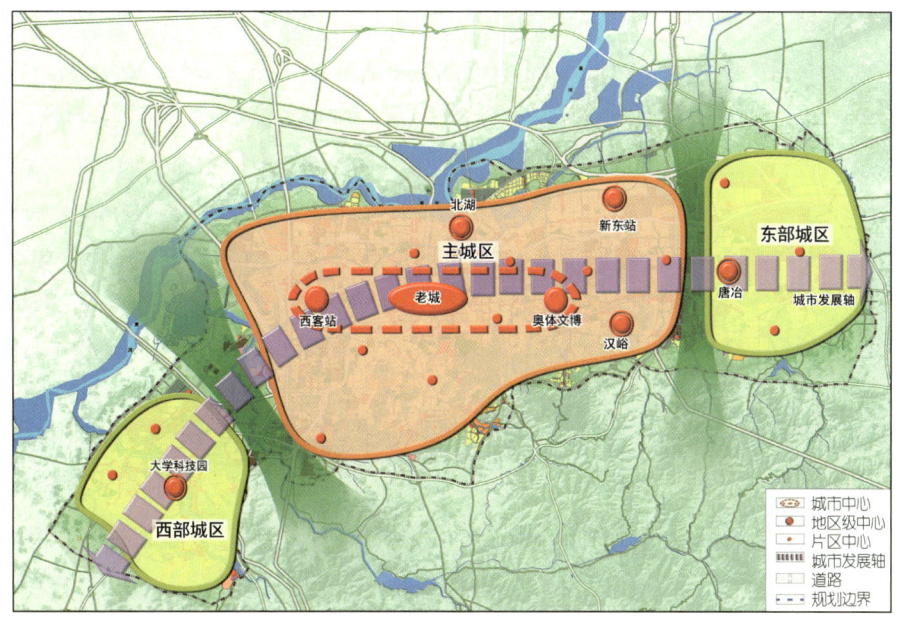

> 图 3-2 济南城市空间规划布局

3.2.2 高铁枢纽与高铁新区

济南西站位于济南市槐荫区,是京沪高速铁路、石济高速铁路和胶济客运专线的客运站,是京沪高速铁路五个始发站点之一。济南西站总建筑面积为 10 万 m²,站场规模为 8 台 17 线,车站设计最高聚集人数为 4 000 人。

2011 年 6 月 30 日,京沪高铁第一辆列车从济南西客站驶出,济南西站正式投入使用(图 3-3),意味着济南与北京、上海的距离更近了,随后西客站片区的建设全面启动。高铁新区的规划使得济南主城区西部彻底告别了以往的"荒凉"之景,同时也加快了主城区整体转型升级和空间再筑的进程。

按照规划,以济南西站的建设为契机,高铁新区应充分发挥门户型"综合交通枢纽"对城市发展的催化作用,实现由门户型交通枢纽向枢纽型商业商务中心区的转化,并成为提升济南地位和形象的综合性城市副中心。为此,济南市制定了高铁新区土地使用规划(图 3-4),其空间结构为:一站、两轴、两心、多点带动。一站即济南西站;两轴指东西向城市发展轴和腊山河文化轴;

> 图 3-3　济南高铁西站的车站景观

> 图 3-4　济南高铁新区规划效果图

两心为CBD硬核核心和运动休闲核心；多点带动是指依托TOD（以公共交通为导向的发展）站点的建设，建立多点的发展引擎，提升片区人气，带动周边发展。

规划将高铁新区分为七大功能区（图3-5）：①交通枢纽功能区：以高铁枢纽为核心，包括各类枢纽配套服务设施用地的区域；②CBD核心区：结合西站枢纽带来的巨大商机，在站前设置中央商务区；③文化休闲区：依托腊山河景观，形成文化休闲带，形成城市的活力区域；④混合功能区;为保证未来更好的提升土地价值,在CBD周边区域设置混合功能区;⑤居住片区:设置在基地东侧片区;⑥运动主题公园区:依托城市发展轴线东端的公园绿地,结合体育设施用地,建设主题公园,以此为绿地填充功能,提升城市魅力;⑦特殊片区:即特殊用地区域。

> **图 3-5** 济南高铁西站与高铁新区规划

3.2.3 高铁视角下的济南城市空间规划

　　济南西站和高铁新区的规划建设是一个借高铁枢纽这样的门户型交通枢纽重筑城市空间的很好的案例。当地政府抓住了高铁车站选址建设这一机遇,在西站与老城区之间,将一大块农用地规划成为一个新的中央商务区,把高铁车站离老城区较远的这个挑战,变成了一次城市空间结构调整和城市开发的机遇(图3-6)。

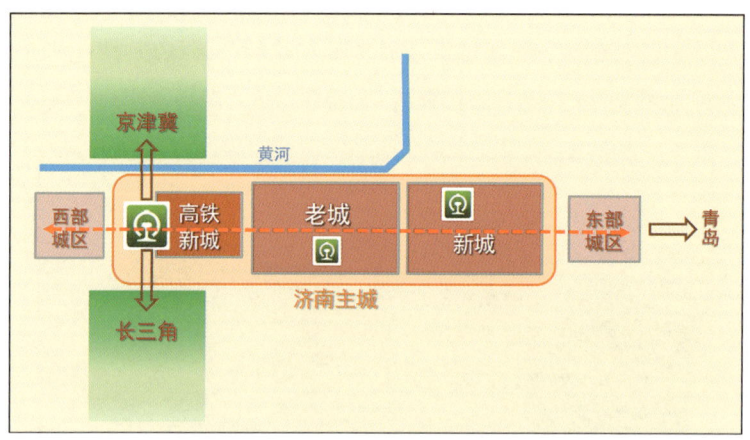

> 图3-6　高铁枢纽与济南城市空间结构

济南市抓住了这一机遇,在新时代的门户型交通枢纽形成之际,强化了城市总体规划中的东西向城市发展轴(图3-7)。其利用高铁西站投运之时机,启动了高铁新城的开发,使济南沿着黄河和泰山山脉之间的楔形地带发展带状城市的规划理念有望实现。这是一个不小的成就。

> 图3-7　高铁济南西站地区的开发与城市东西发展轴

济南过去对民用航空关注不够,青岛机场的知名度高过济南机场。在京沪高铁开通以后,济南与经济来往密切的京津冀和长三角,特别是与北京和上海的交通联系变得非常便捷,这导致济南机场的济南—北京、济南—上海两条航线的运营受到极大影响,结果济南机场就更加淡出了人们的视野。

所幸 2015 年以来,山东省委、省政府从山东产业发展转型升级的大局出发,认识到机场对于山东经济发展的重要意义,特别是对于发展外向型经济和对接中西部经济发展的重要性。于是济南机场的扩建和济南机场临空经济区的规划建设被提上了日程。这样一来,我们认为在济南东西向城市发展轴的基础上,沿着黄河向北的发展轴将会得到重视和强化。未来在空、铁两个门户型交通枢纽之间的这一南北向城市发展带,将会是人们心中最重要的城市发展轴(图 3-8),济南的城市规划和建设有必要顺势而为、促成其早日形成。

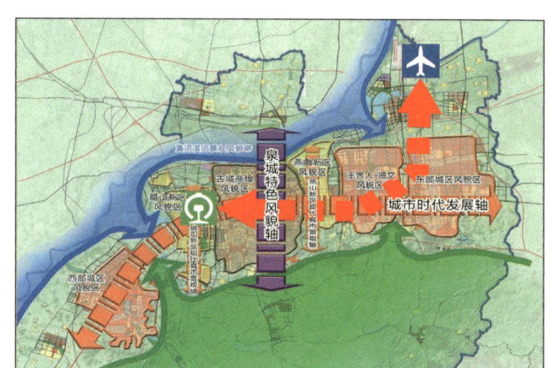
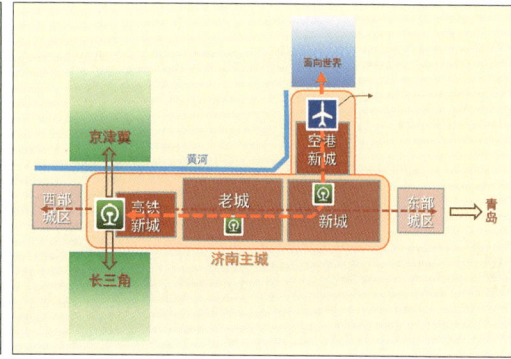

> **图 3-8** 对济南城市空间结构的规划建议

3.3 郑州东站与郑州空间结构的再筑

郑州是河南省省会、中原城市群的核心城市,全市总面积为 7 567 km²,常住人口为 1 274.2 万人,城镇人口为 1 008 万人,2021 年实现地区生产总值 12 691 亿元。

郑州位于黄河中下游和伏牛山脉东北翼向黄淮平原过渡的交接地带,属北温带大陆性季风气候,四季分明。郑州是华夏文明的重要发祥地、中国历史文化名城,它还是全国重要的铁路枢纽城市,拥有亚洲作业量最大的货车编组站,是国家重要的综合交通枢纽城市。

3.3.1 郑州市中心城区的空间规划

按照郑州市城市总体规划,郑州市中心城区的空间布局结构为"一主一城、两轴多心",城市建设用地控制在 583 km² 以内。"一主一城"是指郑州市主城区和郑州航空城。"两轴"是指:①南北向城市发展轴——沿南北向京港澳高速公路、中州大道—机场高速等,形成的从主城区至航空城的南北向发展轴,作为中心城区空间拓展的主骨架;②东西向城市发展轴——依托郑汴洛发展带,沿郑上路—建设路—金水路—郑开大道、中原路—东西大街—郑汴路两条轴线形成的中心城区东西向发展轴,这是主城区空间拓展的主骨架。"多中心"是指以二七广场商业中心、郑东新区 CBD、郑州东站交通枢纽中心、郑州航空港交通枢纽中心为核心,构建区域—城市—片区三个层次的城市中心体系。

郑州市以主要交通干线、基础设施廊道、城市水系和绿化空间为界,将中心城区分为八个功能片区(图 3-9)。这八个功能片区又可以分为东、西两个部分,即西边的郑州老城(由老城区、惠济片区、北部片区、高新区片区、须水片区、南部片区组成)和东边的郑州新城(由郑东新区、经开区片区组成)。

> 图 3-9 郑州市中心城区空间布局示意图

3.3.2 郑州市的铁路与公共交通规划

郑州是全国最重要的铁路枢纽之一,高速铁路已经形成了"米字形"线网规划(图3-10)。国务院批复的《中原经济区规划》和《郑州航空港经济综合实验区发展规划》,已经明确在京广线和徐兰线"十字形"快速客运通道的基础上,建设郑州至万州、郑州至济南、郑州至合肥、郑州至太原快速铁路。

> 图3-10 郑州铁路枢纽布局示意图

郑州至万州铁路是中部地区与西南地区联系的便捷通道,再往南可以向西南边陲乃至东南亚地区延伸。郑州经濮阳至济南铁路,可将郑州与济南间的运输距离缩短为190 km,形成中原经济区连通山东半岛的便捷运输通道。郑州经周口至合肥铁路,是密切中原经济区与长三角经济联系的便捷通道,往南可以延伸至东南沿海地区。郑州经焦作至太原铁路,可实现太原至焦作铁路的客货分离,大大缩短郑州至太原之间的客车运行时间。

按照郑州市城市总体规划,郑州将突出公共交通优先发展战略,加快公共交通建设,形成以轨道交通为骨干、公共交通为主体的城市客运交通结构,保证中心城区公共交通出行比例达到35%以上,居民单程出行时间不超过45 min。为此郑州市在中心城区规划了由15条轨道交通线路组成的城市轨道交通线网和12条BRT走廊。中心城区在既有"环形加放射"路网的基础上,规划由快速路、主干路、次干路、支路构成功能级配合理的方格网状、开放式城市道路网络布局(图3-11)。

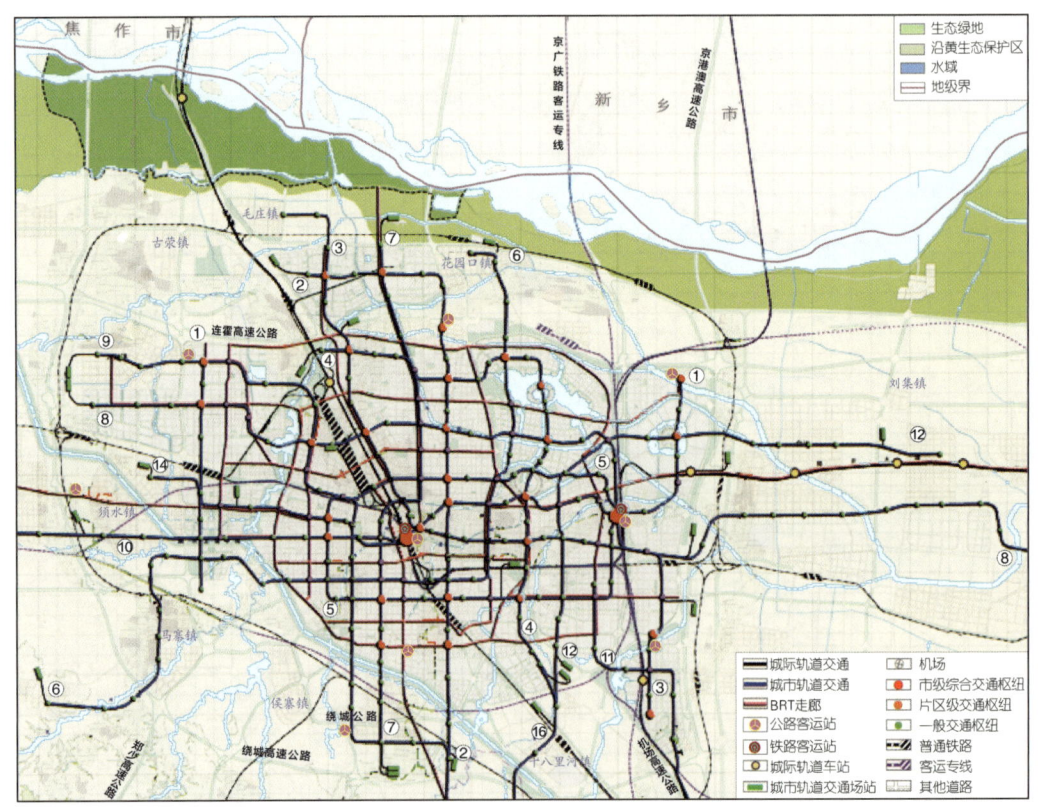

> **图 3-11** 郑州中心城区公共交通系统规划图

3.3.3 高铁视角下的郑州城市空间规划

郑州东站是京广高速铁路和徐兰高速铁路的交汇站,也是以高速铁路为中心集高速铁路、城际铁路、城市地铁、公路客运、城市公交、机场巴士、出租车等多种交通方式和交通工具为一体的综合交通枢纽。郑州东站于2012年9月28日投入运营,站房总建筑面积约15万 m^2,站场规模为16台32线,设计高峰每小时旅客发送量为7 400人,最高聚集人数为5 000人。

郑州东站投入运营的时候,郑州新城的郑东新区和经济技术开发区都已经启动开发多年,已经形成相当规模(图3-12),取得了一定的实绩。

> 图3-12 郑州东站和郑东新区夜景

2000年,位于郑州市东郊的原军民合用机场启动迁建,省委、省政府审时度势,提出了以该区域为核心,开发建设郑东新区的战略部署。2001年郑州市对郑东新区总体规划进行了国际征集。2003年1月20日,以郑州国际会展中心开工为标志,郑东新区开发建设拉开序幕。

郑东新区位于郑州市老城区东部(图3-13),规划管辖面积为260 km^2、常住人口为96.02万人。郑东新区规划采取组团发展模式,将最初的150 km^2规划用地划分为中央商务组团、北龙湖组团、商住物流组团、龙子湖高校组团、白沙组团、高铁枢纽组团,以及后来的北区组团等若干组团。郑州东站通车以后,有了高铁枢纽的加持,事半功倍的效果逐步显现。到2015年,郑东新区建成区面积已经达到115 km^2,人口达115万人,完成生产总值1 000亿元左右。其中引进金融企业247家,金融产业增加值达到110亿元,财政收入达185亿元,税收达165亿元。

郑州经济技术开发区位于郑州市区东南部,规划控制面积为158.7 km^2。1993年4月郑州经济技术开发区就已成立,2000年成为河南省首个国家级经济技术开发区。到2019年,其地区生产总值已经超过1 000亿元,财政收入达261亿元,公共财政预算收入完成73亿元。根据第七次全国人口普查数据,2020年郑州经济技术开发区常住人口达到了33万人。

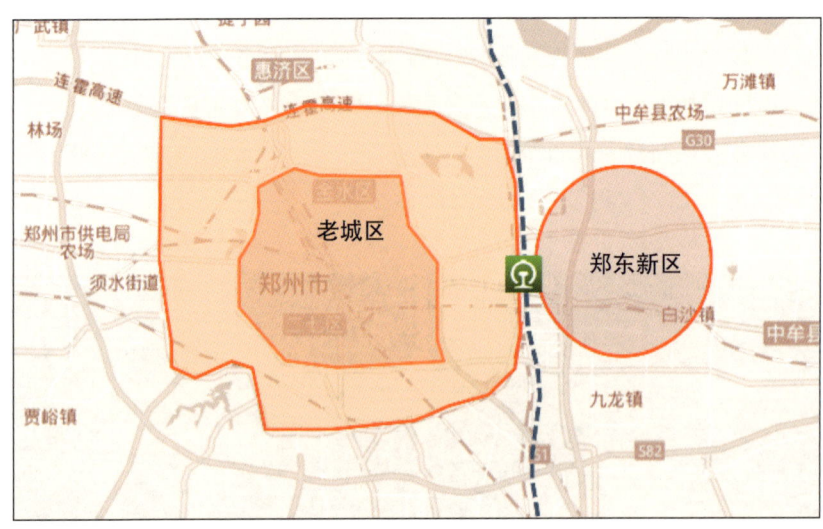

> 图 3-13　郑州东站的选址与城市空间的再筑

因此,郑州东站选址在郑州新城与老城之间(图 3-14),无论是在高速铁路建设运营的便捷高效方面,还是在促进城市经济发展、推动城市空间重筑方面,都是非常成功的,是一个高铁枢纽与城市发展双赢的案例。

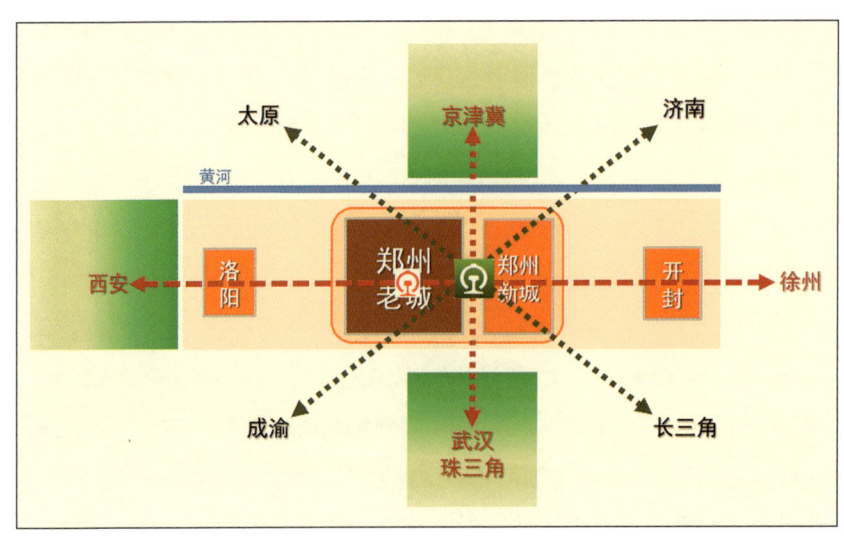

> 图 3-14　高铁枢纽与郑州城市空间结构

郑州对综合交通枢纽带动城市发展的认识是领先全国的，当地政府做了一个更加大胆的尝试，即希望通过新郑国际机场和郑州南站拉动新一轮的城市开发。2013年3月7日，国务院批准了《郑州航空港经济综合实验区发展规划(2013—2025年)》，郑州航空港经济综合实验区成立。

郑州航空港经济综合实验区位于郑州市东南郊区，是河南体制机制创新示范区。这一实验区定位为国际航空物流中心、以航空经济为引领的现代产业基地、内陆地区对外开放重要门户、现代航空都市、中原经济区核心增长极。深谙门户型交通枢纽与城市发展关系的郑州人，在郑州航空港经济综合实验区依托新郑国际机场规划布置了高铁、地铁、城铁、普铁、高速公路与快速路等多种交通方式，并提前启动了这一门户型综合交通枢纽的规划建设。

郑州航空港经济综合实验区的空间规划以空港为核心向两翼展开，布置四大功能区(图3-15)，即①空港核心区：主要发展航空枢纽、保税物流、临港服务、航空物流等功能；②城市综合性服务区：集聚发展商务商业、航空金融、行政文化、教育科研、生活居住、产业园区等功能；③临港型商展交易区：主要由航空会展、高端商贸、科技研发、航空物流、创新型产业等功能构成；④高端制造业集聚区：主要由高端制造、航空物流、生产性服务、生活居住等功能构成。同时还雄心勃勃地计划建设高效的口岸系统和庞大的产业集群，即"1+1+7"口岸体系：郑州机场一类口岸，郑州新郑综合保税区和肉类、药品、活牛、水果、冰鲜水产品、食用水生动物、国际邮件中转口岸等功能性口岸；"2+8"产业集群：电子信息、商贸会展两大千亿级产业集群和生物医药、智能装备、半导体、新型显示、新能源、新基建、航空物流、跨境电商八个百亿级产业集群。

> **图 3-15** 郑州航空港经济综合实验区位置与规划图

郑州航空港经济综合实验区的规划面积达到 415 km², 与上述郑州中心城区一样大, 相当于再造一个郑州市。但是在这次"造城"运动中缺少了一个非常重要的前提条件, 那就是与上一次"造城"运动相比, 这次没有了成熟的郑州老城和成长的郑州新城的存在。这可能就要事倍功半了。

3.4 长沙高铁车站与湘江新区

长沙是湖南省省会, 国务院批复确定的长江中游地区重要的中心城市, 长株潭城市群的中心城市。全市建成区面积超 700 km², 常住总人口为 1 023.93 万人, 2021 年实现地区生产总值 13 271 亿元。

长沙地处中国华中地区、湘江下游、长浏盆地西缘、湖南东部偏北, 东邻江西省宜春、萍乡两市, 南接株洲、湘潭两市, 西连娄底、益阳两市, 北抵岳阳、益阳两市。长沙是首批国家历史文化名城, 有高等院校 51 所、独立科研机构 97 家。长沙还是长江中游城市群和长江经济带的重要节点城市, 是国家级综合交通枢纽和物流枢纽城市。

3.4.1 长沙市城市空间规划

按照长沙市城市总体规划, 长沙将构建"一体两翼、东西两屏、林田交融"的国土空间总体格局, 形成"一轴两带多中心"的空间结构, 营造良好的城市生态环境, 把握城市整体环境风貌特色, 构筑高品质的城市空间格局(图 3-16)。为此, 长沙精心规划了"一主两次五组团"的城市空间结构, 突出"山水洲城、一江两岸"的城市总体形象。"一主"为城市主体;"两次"为岳麓片区、星马片区;"五组团"为暮云组团、金霞组团、坪浦组团、空港组团、黄黎组团。

中心城区最重要的是老城区和岳麓片区及星马片区。岳麓片区就是湘江新区的主体, 规划要求在保护好岳麓山风景名胜区和其他自然山水体系的前提下, 充分利用科研院校云集的有利条件以及国家级高新技术开发区的先导优势, 大力发展高新技术产业和现代服务业。星马片区是老城东扩形成的新区, 规划要求以星沙国家级经济开发区、隆平高科技园为依托, 扩大高新技术产业基地的规模, 利用其特有的对外交通优势, 大力发展新型工业、高科技农业、航空产业、生产性服务业和文化休闲产业。除此"一主两次"之外, 我们感兴趣的就是空港组团和黄黎组团了。空港组团实际上是长沙的临空产业园区, 规划要求依托黄花机场区域门户资源, 打造以高端制造、高端服务、临空产业为主的新兴产业基地。黄黎组团是长沙的高铁新区, 规划要求依托高铁站发展商务办公、会议会展、文化娱乐和研发创新等功能。

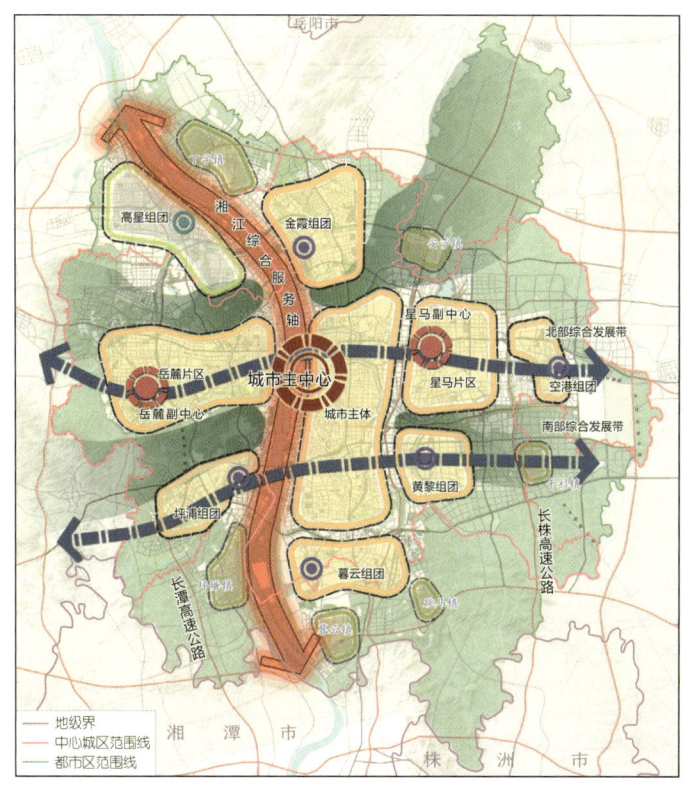

> **图 3-16** 长沙中心城区空间结构规划图

3.4.2 长沙铁路发展简介

近百年来,长沙的城市发展与粤汉铁路、京广铁路、武广高铁的建设和运营是密切相关的。铁路从时速 35 km 到时速 350 km,不断提速的铁路交通大动脉,加快了湖南与其他地区之间人员、货物的流动,拉动了沿线地区经济发展,极大地提升了湖南经济的竞争力,强劲推动了湖南融入粤港澳大湾区、长三角经济圈的进程。

1936 年 4 月 28 日,于 1896 年酝酿发起,历时 40 年之久,数十万人凿山填水、逐段修筑的粤汉铁路全线贯通。粤汉铁路在长沙的火车站设在依湘江码头形成的旧城区的东侧,并建有小吴门火车站(图 3-17)。1936 年 9 月 1 日,粤汉铁路从武昌开出了直达广州的第一趟列车,时速 35 km,历时 44 h,每周两对南北对开。1937 年粤汉、广九两铁路实现联通。1938 年 9 月,仅用一年紧急修建的湘桂铁路衡阳到桂林段竣工通车,并与粤汉铁路连接,海外物资可由越南经广西、湖南运至武汉,为中国抗日战争作出了不可磨灭的贡献。抗日战争胜利后,经过多方努力,1946年7月1日,在战争中被损坏的粤汉铁路全线修复通车。1949年8月,铁路职工积极开展护路斗争,粉碎了国民党政府想彻底拆除粤汉铁路的阴谋,组织粤汉铁路南段及湘桂黔东铁路衡阳至柳州段抢修,粤汉铁路于12月28日全线再次修复贯通。粤汉铁路经由湖南是近代长沙城市崛起的一个重要原因。

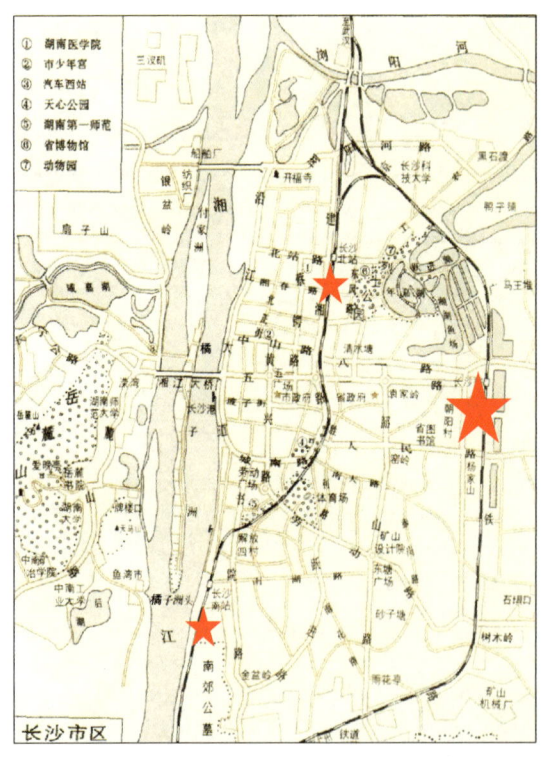

> 图3-17 粤汉铁路、京广铁路助力长沙崛起、发展

1957年10月15日,经过多年奋战,万里长江上第一座公路铁路两用大桥武汉长江大桥胜利建成通车。从此,京汉铁路与粤汉铁路连为一体,全程2 331 km,运行近60 h。1977年7月1日,长沙新火车站(图3-18)建成通车。1986年初,原铁道部在韶关成立衡广复线建设指挥部。在施工高潮时期,施工人数达到6.58万人。1988年12月16日,京广铁路衡阳至广州段复线建成通车典礼在韶关举行。京广复线的建成,极大地提升了湘粤间列车运行能力。

1997年至2007年4月,京广铁路先后进行了6次大面积提速调图,提速后时速达到130 km,广铁集团公司开行旅客列车301对,比原图增加了56对,开行货物列车603对,比原图增加了51对。京广线南段,成为全国铁路运输最繁忙最密集的干线之一。不断提速的京广铁路,为推动湘粤发展提供了强大助力。

> 图 3-18　长沙火车站景观

在京广高铁建成之前,京广铁路是我国铁路最繁忙、行车密度最大的干线之一,而武广段又是全线运输能力最为紧张的区段,运输能力已处于全面饱和的状况。随着湘粤两省经济快速发展,满负荷的京广线南段不堪重负,其客货混跑的模式已成为铁路发展的瓶颈,整个京广线的运输成为全路运输的"掣肘",春运期间更是一票难求、一车难运,京广线挖尽运能也无法满足庞大的客货流需求,货运只能保证通往港澳的两趟鲜货火车通行,亟需开辟新的湘粤铁路通道,冲破瓶颈,加快客货流动。

2005年1月,国务院常务会议通过了《中长期铁路网建设规划》,确定2005年开工建设武广客运专线。2009年12月26日,世界上运行速度最快、运营里程最长的武广高速铁路正式开通运营,在这一高铁线路上的长沙南站也投入运营(图3-19)。从此湘粤鄂间城市交流大大加速,重新改写了人们的出行版图,标志着跨区域"同城时代"的到来。武广高铁这一公交化、快速化、大能力的"黄金通道",使珠三角城市群、长株潭城市群、武汉城市群有机连为一体,一座座"武广高铁新城"拔地而起,大大促进了多中心城镇空间体系的形成和高铁沿线城市的快速发展。

> 图 3-19　高铁长沙南站的景观

长沙南站的高铁新城,以长沙南站为核心,东、北至浏阳河,南至湘府路,西至京珠高速(图3-20),规划区建设用地规模为 18.92 km^2,人口规模为 40 万人。京广高铁、沪昆高铁、渝厦高铁三条高铁线路在此交会。高铁新城规划集高铁城、会展城、博览城于一体,分为中央商务区、会展功能区、国际交流区、现代物流区、生态文旅区和品质生活区。其中会展功能区定位为长沙国际会展商贸复合中央区,包含会展区、展贸中央商贸区、文化创意体验区、创新混合功能区、科技产

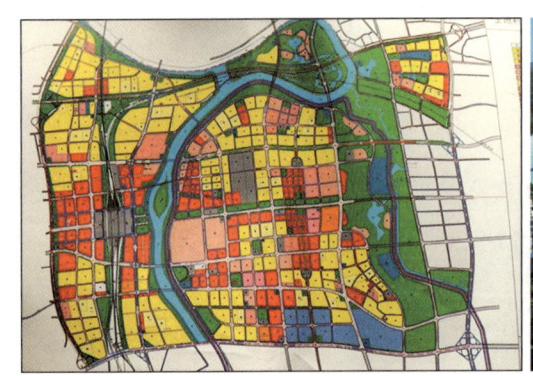

> 图 3-20　黄黎组团中的长沙南站高铁新城规划

业发展区、TOD 综合都市发展区六大主要功能板块。未来会展功能区将通过会展的展示平台融合国际交流区和现代物流区,辐射带动生物医药、智能制造、工程机械等长沙优势产业协同发展。

武广高铁运行 12 年,在广州铁路局管辖范围内累计发送旅客超 5.5 亿人次,日均发送 12.6 万人次,充分缓解了京广线的巨大压力,让湘粤间的旅客享受到高速、安全、舒适、便捷的旅途。特别是武广高铁带动了沿线岳阳、长沙、株洲、衡阳和郴州等地人流物流信息流高速流转,据统计,武广高铁沿线各市的生产总值的年增幅较高铁开通前均不低于 5%。连续 3 年来湖南省各城市生产总值排名前六的名单中,武广高铁湖南沿线五市全部赫然在列。武广高铁不仅增加了铁路旅客运输能力,而且通过分流客流,释放既有京广线货物运输能力,缓解了铁路货运能力紧张状况,更好地满足了关系国计民生的煤炭、石油、粮食等重点物资的运输需要,推动了区域内的城市化和新型工业化发展。武广高铁成为开启沿线区域经济发展的引擎,拉动沿线区域经济社会快速发展,带动了多个以高铁车站为核心的高铁新区的出现,为高铁车站经济的腾飞提供了强大运输保障。

3.4.3 湘江新区与长沙空铁枢纽规划

过去 100 年,长沙的城市空间发展与铁路和铁路车站的发展密不可分,它们相辅相成、相互加持,非常成功。2010 年以来长沙不仅进入了高铁时代,同时也进入了航空运输大发展的时代,2010—2019 年,长沙黄花国际机场的年旅客吞吐量从 1 128 万人次飙升到了 2 691 万人次。长沙已进入高铁与航空共同发展的新时代。

长沙黄花国际机场位于湖南省长沙市长沙县黄花镇,西距长沙市中心 23.5 km,为 4E 级干线机场,是对外开放的一类航空口岸、中国十大区域性航空枢纽之一,也是湖南航空主运营基地。机场于 1986 年 6 月 25 日动工兴建,1989 年 8 月 29 日正式启用。目前长沙黄花国际机场有 2 条跑道、2 座旅客航站楼、3 座航空货运站、87 个机位,可满足年旅客吞吐量 3 500 万人次、货邮吞吐量 43 万 t、飞机起降 24.4 万架次的使用需求。

长沙黄花国际机场已经按照 2030 年旅客吞吐量 6 000 万人次、货邮吞吐量 60 万 t、飞机起降 45.6 万架次的中期规划目标启动了新一轮的大规模扩建。机场远期规划以 2050 年为目标年,规划了 4 条跑道、431 个机位和 4 座航站楼,并与地铁、高铁、磁悬浮、城际快线,以及城市快速路、高速公路等有机衔接。远期规划机场旅客吞吐量为 9 000 万人次、货邮吞吐量为 150 万 t、飞机起降 61.5 万架次。规划用地面积近期为 19 km^2,远期约 35 km^2(图 3-21)。

在这个高铁与航空并驱的新时代,长沙市还做了一件大事,那就是湘江新区的规划建设。湘

> 图 3-21　长沙黄花国际机场总体规划图

江新区位于长沙市湘江西岸,包括岳麓区、望城区和宁乡市部分区域,核心区域为岳麓区岳麓街道等 15 个街道、望城区喻家坡街道等 8 个街道以及宁乡市金洲镇,覆盖长沙高新技术产业开发区、宁乡经济技术开发区和望城经济技术开发区 3 个国家级园区,面积达 490 km²。2014 年常住人口为 85 万人,地区生产总值为 970 亿元,财政总收入为 167 亿元。国务院 2015 年 4 月印发《关于同意设立湖南湘江新区的批复》,同意设立湘江新区。这是国家在中部地区设立的第一个国家级新区。设立并建设好湖南湘江新区,是实施国家区域发展总体战略和长江经济带重大国家战略的重要举措,对于促进中部地区崛起、推进长江经济带建设、加快内陆地区开放发展具有重要意义。

湘江新区规划(图 3-22)以高新技术产业开发区为主体,以金洲开发区和望城经济开发区为两翼,以科研院校为依托,大力发展高新产业、文化创意产业、现代服务业和现代农业,全力建设信息产业基地、新材料产业基地、节能环保产业基地、先进制造产业基地、生物产业基地、科技创新和成果转化基地、现代农业产业基地、承接产业转移基地等产业基地,并着力构建现代综合交通运输体系,推进市政公用基础设施的建设。重点规划建设了京珠高速长潭西线、枫林路以及雷锋大道、潇湘大道、城市交通环互通工程、公共交通网络、城市轨道交通、跨江通道等工程,并且很快在起步区和核心区重点建设了"六纵八横"14 条主干道和 52 条次干道。

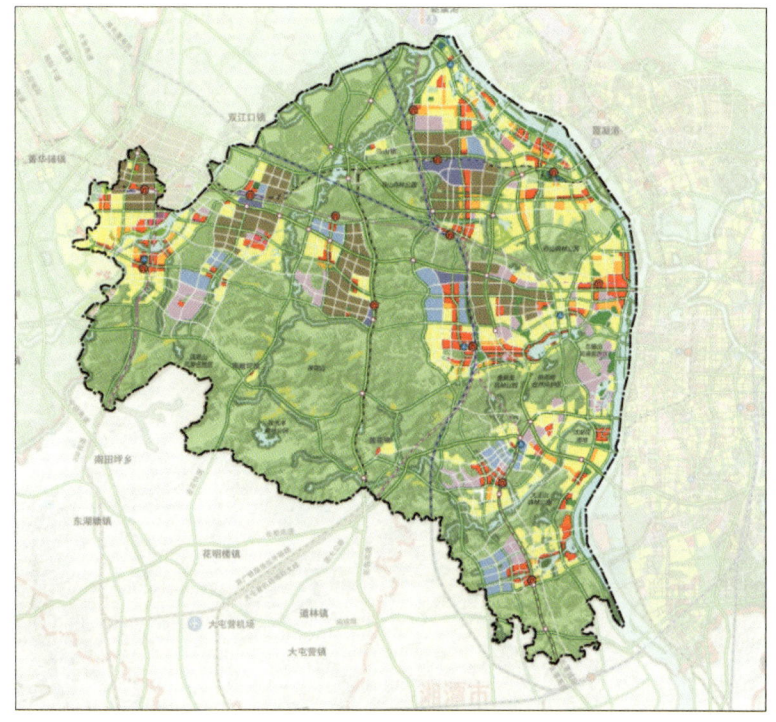

> 图 3-22 湘江新区总体规划图

应该说长沙对大众赋予极高期望的湘江新区的发展投入是巨大的、政策是优惠的、工作是努力的。但是很遗憾,效果并不是很理想。今天我们在湘江新区看到的城市面貌、城市生活都没有达到规划的要求。2021 年湘江新区的地区生产总值只做到了 3 674 亿元,与大家的期待肯定还有差距。这是什么原因造成的呢？我们认为"湘江新区的选址和规划与高铁、航空时代的交通方式的分离"(图3-23)，与"湘江新区没有门户型交通枢纽"是有重大关系的。门户型交通枢纽的变迁轨迹与湘江新区的选址反向了(图3-24)。

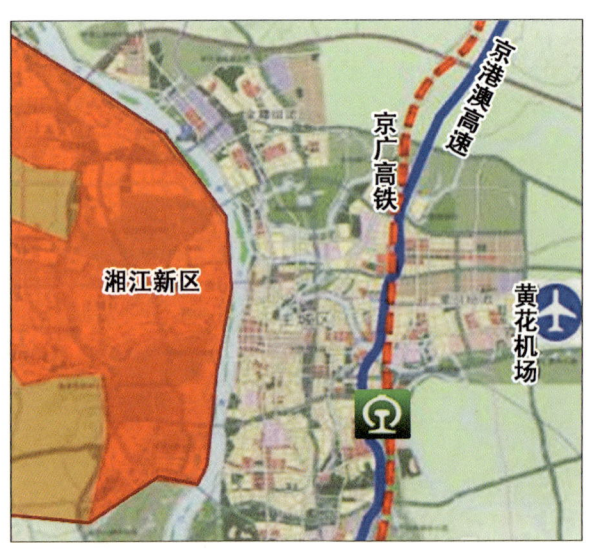

> 图 3-23　湘江新区与长沙空铁枢纽分离示意图

> 图 3-24　长沙门户型交通枢纽的变迁轨迹与城市新区规划建设关系示意图

在过去的一百年中，长沙的城市拓展总是与铁路的选线和车站枢纽的选址紧密配合的，新区的规划建设也是与枢纽车站同生互动的，是非常成功的。但是 2010—2015 年之间在做高铁南站与高铁新城、机场枢纽与航空城、湘江新区这三个重大决策时，可能忽略了门户型交通枢纽的作用，没有考虑到它们的整合将会产生 1＋1＋1≫3 的效果。

本章小结

高铁是我们这个时代的代表性交通方式，作为门户型交通枢纽的高铁车站，由于其选址总是需要尽可能地接近人口稠密的城市中心区，因此总是会对城市空间结构的规划带来巨大的影响。每个高铁车站的建设运营都是城市发展和变革的一次机遇。做得好，高铁枢纽就是城市发展的动力源；做差了，它给城市带来的也许就是脏乱差，就是公害。如何抓住这一机遇，把高铁枢纽的建设运营作为一个支点，撬动城市经济的发展和城市空间的再筑，是我们这个时代摆在城市规划工作者们面前的考卷。

第4章
民航视角下的城市空间规划

4.1 概述

当城市经济发展到一定规模时,当民航机场的客货运量达到一定规模时,以机场为核心的临空产业就会得到快速发展,机场作为城市经济社会发展发动机的作用就会不断地显现出来。枢纽机场用地规模巨大、客货流量大、客货周转速度快、品质高,必定会带来以机场为核心的临空地区的快速城市化,对城市空间规划的影响非常巨大。因此在干线机场、枢纽机场所在的大中城市的空间规划中,我们必须学会用民航视角来看待城市及其规划建设,要特别重视枢纽机场在城市经济发展和城市空间拓展中的作用,也要学会用城市新区的规划建设来推动机场的可持续发展。

枢纽机场的规划建设与运营是城市经济发展的动力源,是城市空间重筑的机遇与挑战。

以下以南京、大武汉地区、天津为例加以阐释。

4.2 民航视角下的南京城市空间规划

南京是江苏省省会、南京都市圈的核心城市、我国东部地区重要的中心城市、全国重要的科研教育基地和综合交通枢纽。全市总面积为 6 587 km^2,建成区面积为 868 km^2,常住人口为 942.34 万人,城镇人口为 819 万人,2021 年实现地区生产总值 16 355 亿元。南京是国家重要的科教中心,拥有各类高等院校 68 所,高新技术企业 6 507 家,科技型中小企业 10 042 家,市级新型研发机构 323 家,省级以上工程技术研究中心 444 家,省级以上重点实验室 92 家,其中国家级 29 家。南京有着 7 000 多年文明史和近 500 年的建都史,是首批国家历史文化名城,中华文明的重要发祥地之一,长期是我国南方的政治、经济、文化中心。

4.2.1 禄口国际机场的现状与规划

南京禄口国际机场位于南京市江宁区,是江苏省和南京市的门户,是国家主要干线机场、一类航空口岸、国家大型枢纽机场、我国航空货运中心和快件集散中心、国家级区域交通枢纽。南京禄口国际机场现有 2 条跑道、2 座航站楼、2 座货运站和一座陆侧交通中心,拥有 135 条国内航线和 23 条国际航线,通达国内外 115 个航点,已初步建成辐射亚洲、连接欧美、通达澳大利亚的航线网络。2019 年南京禄口国际机场旅客吞吐量为 3 058 万人次,货邮吞吐量为 37.5 万 t,飞机起降 23.5 万架次。根据《南京禄口国际机场总体规划(2020 版)》(图 4-1),机场定位为长三角核心区域枢纽机场,按照近期 2030 年旅客吞吐量 7 000 万人次、货邮吞吐量 105 万 t、飞机起降

55万架次,远期2050年旅客吞吐量1.2亿人次、货邮吞吐量230万t、飞机起降87万架次的需求进行规划。

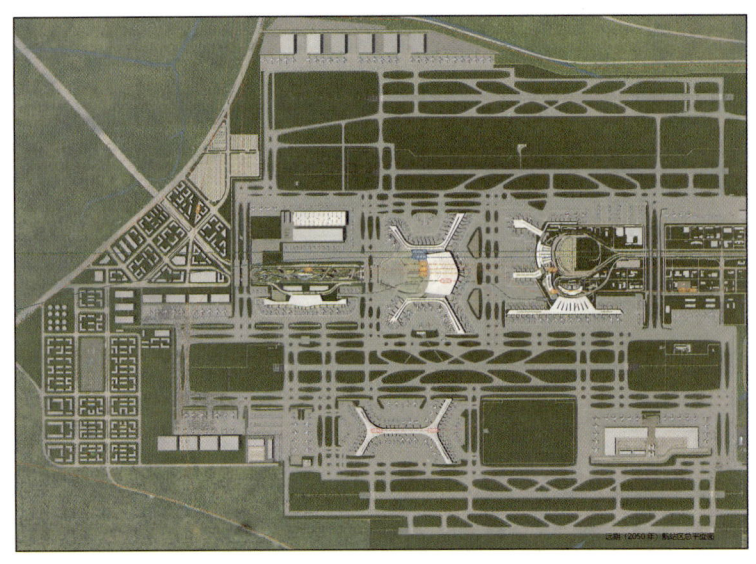

> 图 4-1　南京禄口国际机场总体规划图

4.2.2　南京城市空间的拓展

南京在明清城墙外的城市空间拓展,很长时间里都是沿长江逐步发展,非常缓慢。直到20世纪90年代,城市空间的扩展才开始加速,主要的拓展方向是向北和向南。向北要越江规划建设江北新城,成本相对较高,拓展的速度较慢,直到近些年才开始加速发展。向南的城市空间拓展发展得比较早,也比较快,特别是禄口国际机场建成通航以后,南部新区的发展逐步加速,在南京南站建成通车以来达到了新城建设的高潮时期,接下来江宁新城的规划建设将会为南京城市经济发展和城市空间拓展创造新的更大的舞台。

江苏省政府和南京市政府过去缺乏一个强力推进民航和临空产业发展的治理机制。进入21世纪以后,随着禄口国际机场的加速发展,机场对临空地区的经济发展和城市高新产业的影响日趋明显,大家逐步认识到了临空地区对城市经济发展的重大意义。于是禄口、柘塘、溧水纷纷开启了临空园区的规划建设,出台了一系列的鼓励政策。相信很快我们就能看到一个以禄口国际机场为核心的航空城的出现,这里将成为未来南京城市经济发展和城市空间拓展的主战场(图4-2)。

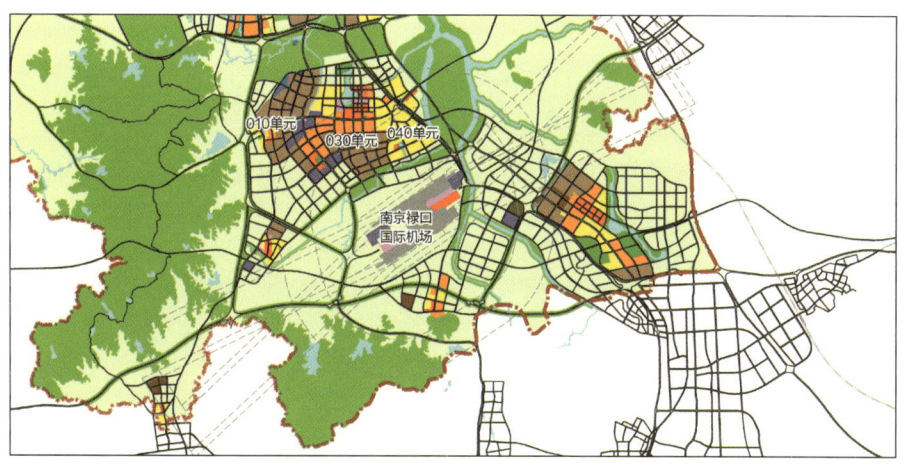

> 图 4-2 南京禄口国际机场航空城

4.2.3 民航视角下的南京城市空间结构

综上所述,从民航的视角来看,南京的城市空间规划与禄口国际机场的选址和发展密切相关(图 4-3)。当然还有一个更重要的因素是南京的行政区域呈南北长、东西短,其实这也是南京机

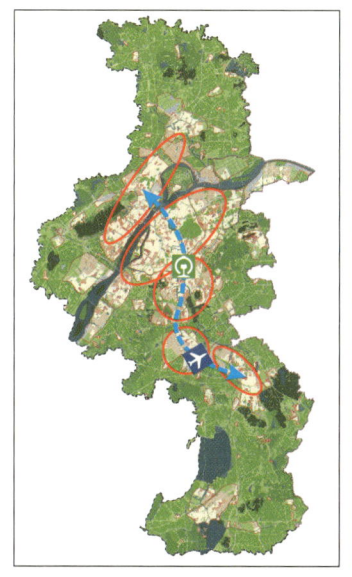 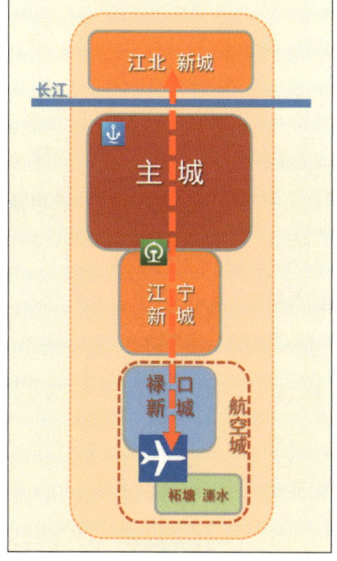

> 图 4-3 民航视角下的南京城市空间结构

场选址禄口的原因之一。自从禄口国际机场建成通航之后，南京的城市新区向南发展就是必然的了，所以江宁新城、禄口新城也是禄口国际机场广义航空城的组成部分。这种空间拓展的模式存在于许多城市与机场之间，因此机场选址不宜离既有城市建成区太远，必须与城市新区一起规划建设，一定要让城市新区与机场和临空地区的发展相互借力、相互促进，争取最大程度的双赢和多赢的局面。

4.3 大武汉地区的机场与城市

武汉是湖北省省会，中国中部地区的中心城市，全国重要的工业基地、科教基地和联勤保障部队机关驻地。全市总面积为 8 569.15 km^2，常住人口为 1 364.89 万人，2021 年实现地区生产总值 17 700 亿元。武汉地处江汉平原东部，长江及其最大支流汉江在城中交汇，形成武汉三镇隔江鼎立的格局。作为中国的经济地理中心，武汉有"九省通衢"之称，是中国内陆最大的水陆空交通枢纽，其高铁网辐射大半个中国，是可直航全球五大洲的城市。武汉有高校 84 所、科研院所 155 家。武汉是国家历史文化名城，楚文化的重要发祥地，近代史上曾数度成为全国政治、军事、文化中心。

大武汉地区指武汉与黄石、鄂州、黄冈、孝感、咸宁、仙桃、天门、潜江形成的一体化城市群。

4.3.1 武汉市、鄂州市的城市空间规划

按照《武汉市国土空间总体规划（2021—2035 年）》（草案），武汉市将推进形成"北峰南泽"的生态格局，从整体上构建"两江三镇、六轴六楔、北峰南泽"的国土空间基本格局[参见图 4-8(a)]。

在区域规划层面，一方面要加强武汉城市圈与长沙、南昌等城市群产业协作、交通联网、创新协同和生态共治，共同打造长江中游世界级城市群。武汉将依托长江黄金水道和立体交通网络，建设辐射全国、连接国际的中部枢纽，建成长江经济带、京广发展轴"十字形"城镇走廊的重要支点。另一方面要推进"九市一城"的区域空间整合。即推动武汉、黄石、鄂州、黄冈、孝感、咸宁、仙桃、天门、潜江这九座城市的城市圈同城化发展，实现生态共保共治、产业分工协作、设施互联互通、服务共建共享。重点要建设 80 km 半径的大武汉都市圈，围绕"光芯屏端网"、汽车、生物医药等重点优势产业，发展头部经济、枢纽经济。

在市域范围内，提出了"一主四副"的空间规划战略（图 4-4）。首先主城要做优。武汉主城区主要承载体现国家中心城市综合竞争力和辐射带动区域共赢发展的核心职能，形成要素配置

最优、空间效率最高的区域,如优化发展现代服务业等高端功能,以及降低城市密度,突显城市人文传承特色功能。然后四个副城要做强。"四副"即光谷副城、车谷副城、临空经济区副城和长江新区副城。它们按照100万～200万人的"大城市"标准建设功能完善、产城融合、用地集约、生态良好的综合性节点城市。其中,"四副"产业主导各有重点,光谷副城强化科技创新,车谷副城强化先进制造,临空经济区副城强化综合枢纽及网络安全,长江新区副城强化未来产业。"副城"位于主城外围,接受主城功能扩散,是与主城共同承担区域中心职能的副中心城市,同时也是新发展的集商业、现代服务业和就业、居住于一体的新兴城市。

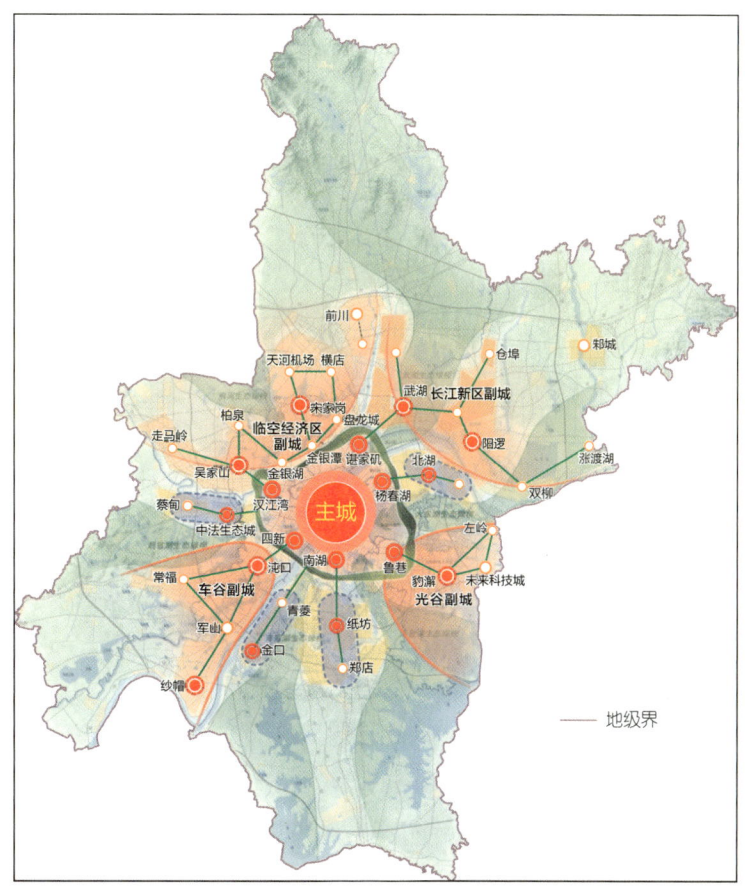

> **图 4-4** 武汉城市空间发展战略

鄂州就是古武昌所在地,是湖北省辖地级市,地处全国经济地理中心,是武汉城市圈最重要的城市之一,长江中游城市群的重要节点城市,国家中部地区崛起和长江经济带两大战略的聚焦点。全市总面积为 1 596 km²,现辖有国家级葛店经济技术开发区和省级临空经济区两个功能区〔参见图 4-8(b)〕。全市常住人口为 108 万人,2021 年实现地区生产总值 1 162 亿元。

  鄂州是典型的带状城市,城区很多个组团分布在东西长约 100 km、南北宽不到 20 km 的范围内。整座城市的空间结构基本上可以理解为"一城两区"的空间格局(图 4-5)。"一城"是指鄂州中心城区,包括四个组团:老城组团、南城组团、西城组团、东城组团。"两区"是指主城区东边以国际物流枢纽花湖机场为核心的临空经济区和西边的国家级葛店经济技术开发区。

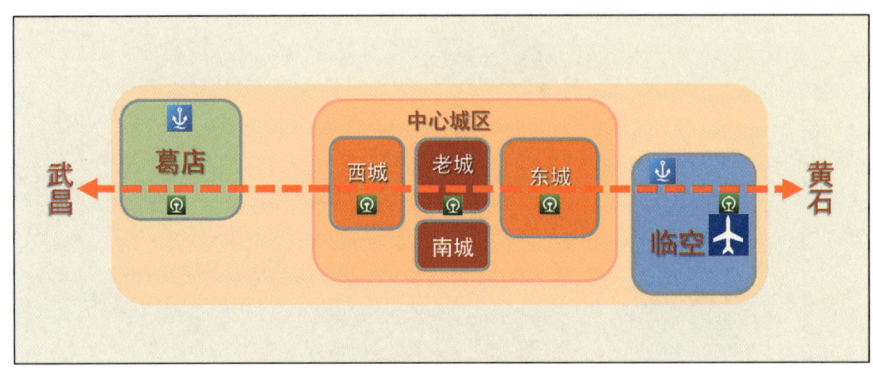

> 图 4-5 鄂州的城市空间结构

  葛店经济开发区位于武汉东湖新技术开发区东侧,鄂州最西部,是 1990 年 7 月湖北省委省政府批准成立的省内第一家省级经济技术开发区。2001 年 12 月被国家科技部批准为国家火炬计划的生物技术与新医药产业基地,并经国家工商总局批准注册"中国药谷"商标。2009 年获批成为武汉国家高新技术产业基地组成部分,是武汉东湖国家自主创新示范区的拓展区。区内建有信息产业园、太阳能产业基地、职教园、电子商务基地等。

  鄂州花湖机场位于鄂州市东部,是我国规划最大的航空物流国际口岸、亚洲第一座专业性国际货运枢纽机场(图 4-6)。鄂州花湖机场于 2017 年正式开工建设,其分拣中心面积达 68 万 m²,有 2 条远距跑道、124 个机位,可满足年货邮吞吐量 330 万 t 的使用需求,2023 年投入运营。随着鄂州花湖机场的开通投运,一个以顺丰航空快递转运中心为龙头的临空产业群将会快速形成并发展壮大,鄂州东部将成为中部地区最大的航空城之一。这会进一步加速"武鄂一体化"的进程,促进城市经济、社会和基础设施,特别是交通基础设施的进一步对接。

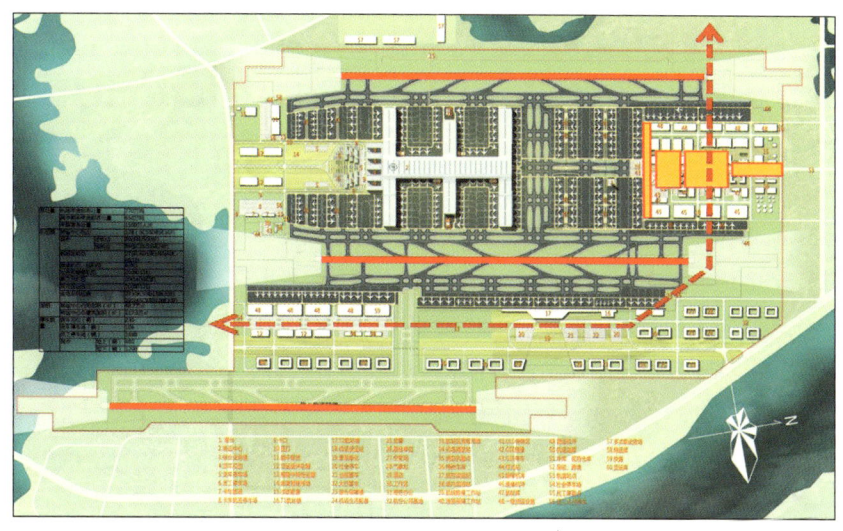

> 图 4-6　鄂州花湖机场总体规划

4.3.2　大武汉地区各城市的总体规划

武汉天河国际机场位于武汉市中心城区的西北方向，距武汉市中心 25 km，为中国八大区域性枢纽机场之一、对外开放的一类航空口岸。天河国际机场现在拥有 2 条跑道、2 座航站楼、机位 117 个，航空货运站 5.6 万 m²，可满足年旅客吞吐量 3 500 万人次、货邮吞吐量 44 万 t、飞机起降 40 万架次的需求。按照武汉天河国际机场的总体规划，远期将拥有 4 条跑道，具备年旅客吞吐量 8 000 万人次、货邮吞吐量 150 万 t、飞机起降 80 万架次的能力（图 4-7）。

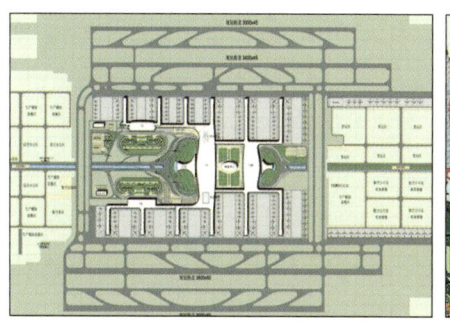 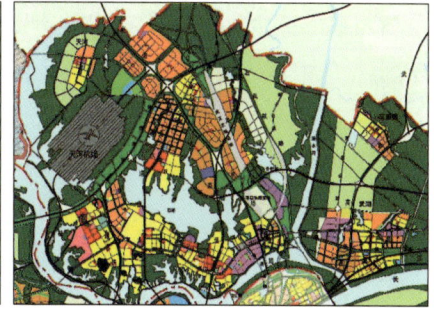

> 图 4-7　武汉天河国际机场总体规划及其临空经济区

武汉临空港经济技术开发区位于天河机场的东南侧,与武汉市区连为一体,因毗邻天河国际机场,拥有三江航天、空军凌云科技、武汉航达等多家以飞机维修、航空服务等为主的航空企业,具备临空经济发展诸多优势。开发区在2012年就启动了临空高科技产业园建设,将全区可开发地区全部纳入临空经济区建设规划,大手笔开展园区和基础设施建设。未来,武汉临空港经济技术开发区将进一步发挥临空资源优势,更加突出产业定位,加快转变经济发展方式,不断提升发展质量和水平。

号称"中国光谷"的武汉东湖新技术开发区于1988年创建成立,位于武汉市东南部的三湖六山之间,下辖8个街道(关东街、佛祖岭街、豹澥街、九峰街、花山街、左岭街、龙泉街、滨湖街),并建有8个专业园区(光谷生物城、武汉未来科技城、武汉东湖综合保税区、光谷光电子信息产业园、光谷现代服务业园、光谷智能制造产业园、光谷中华科技园、光谷中心城),集聚了2 000家高新技术企业,以光电子信息产业为主导,能源环保、生物工程与新医药、机电一体化和高科技农业竞相发展。2016年获批为中国(湖北)自由贸易试验区武汉片区。开发区规划总面积为518 km^2,集聚了42所高等院校、56家国家及省部级科研院所、20多万专业技术人员和80多万在校大学生。由于园区不断向东拓展,已经与鄂州的葛店经济开发区直接相邻。

黄冈市是武汉城市圈城市之一,地处鄂州市北的长江北岸,地势自北向南逐渐倾斜,东北部与豫皖交界处为大别山脉。全市总面积为17 400 km^2,常住人口为579万人,2021年实现地区生产总值2 541亿元。黄冈历史文化源远流长,有着2000多年的建置历史。现在武冈城际铁路已经开通运营,已有多座长江大桥与鄂州相连[图4-8(c)]。

黄石市位于鄂州的湖北国际物流枢纽机场南侧,是长江中游重要的工业基地之一,也是长江中游城市群的中心城市之一、华中地区重要的先进制造业基地。黄石市总面积为4 583 km^2,有1个国家级开发区,常住人口为244万人,2021年实现地区生产总值1 866亿元。黄石还是华夏青铜文化的发祥地之一,也是近代中国民族工业的摇篮,拥有国家一类水运口岸[图4-8(d)]。

孝感市位于天河机场的西北侧,市区距离武汉市中心约60 km,距离武汉天河国际机场约30 km,它是湖北省区域性中心城市、武汉城市圈和长江中游城市群重要成员、国家新型城镇化综合试点地区,也是华中地区最具潜力和竞争力的城市之一。全市面积为8 910 km^2,常住人口为427万人,2020年实现地区生产总值2 194亿元。孝感市规划的临空经济开发区位于天河机场西北侧,与武汉市的临空经济区连为一体[图4-8(e)]。

我们试着将"武鄂黄黄孝"五座城市(图4-8)和武汉天河国际机场、鄂州货运枢纽机场的总体规划图拼接起来,一张"大武汉地区总体规划拼图"就完成了(图4-9),一个巨型大都会的雏形因此显现出来。在这个巨型空间结构中,"武鄂一体化"是关键,而两座机场的建设与运营就是这个一体化进程的发动机。

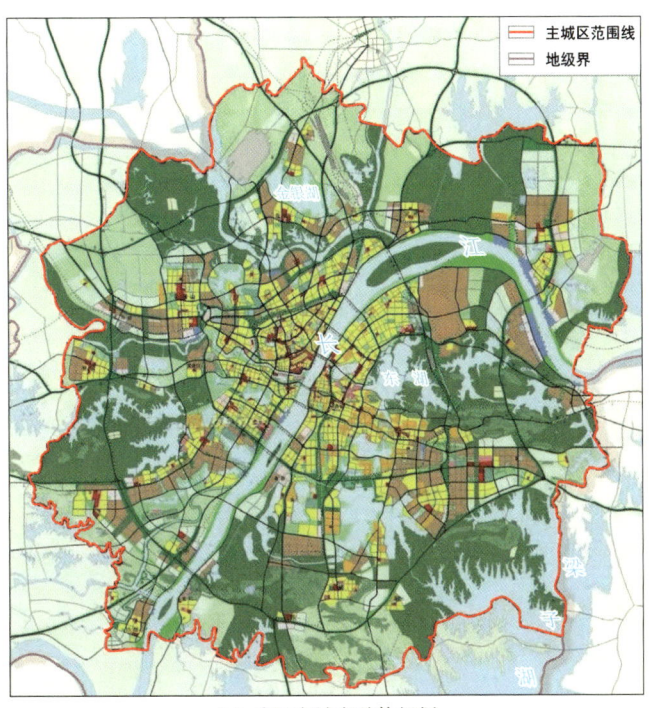
(a) 武汉市城市总体规划

(b) 鄂州市城市总体规划

(c) 黄冈市城市总体规划

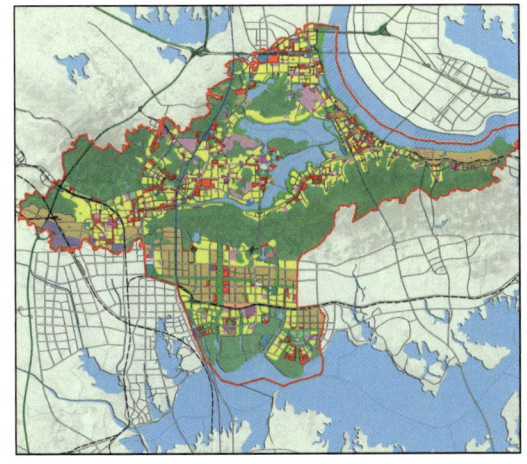
(d) 黄石市城市总体规划

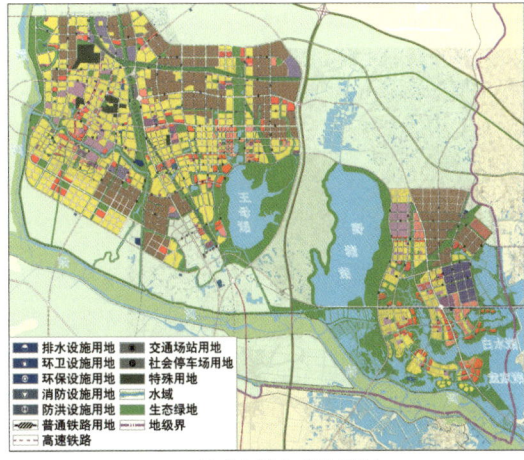
(e) 孝感市城市总体规划

> 图 4-8 "武鄂黄黄孝"五城市总体规划图

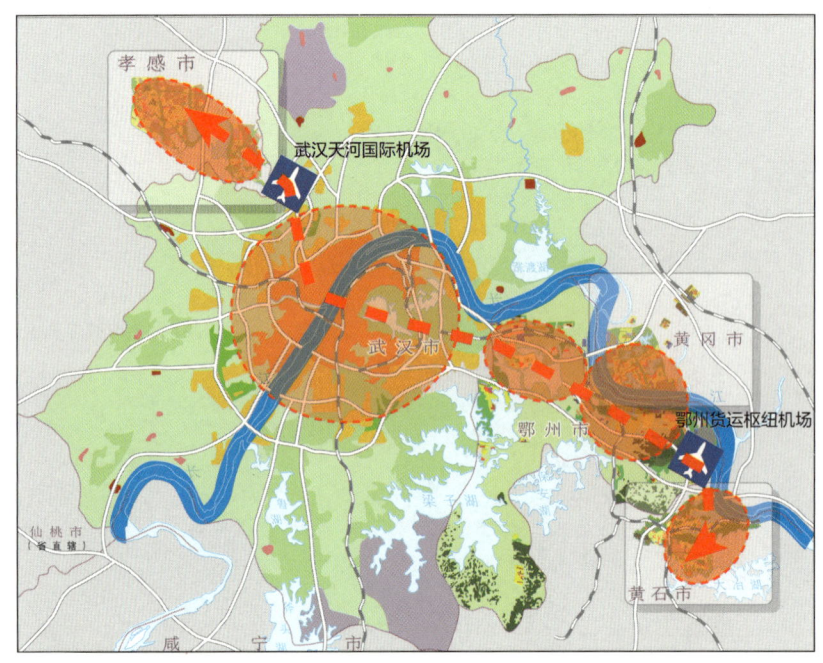

> 图 4-9 大武汉地区总体规划拼图

4.3.3 民航视角下的大武汉城市空间规划

作为顺丰航空快件转运中心的鄂州的湖北国际物流枢纽建成后,大武汉地区将形成"一市两场"的格局,武汉天河机场以客运为主、鄂州机场以货运为主。于是贯穿武鄂黄城区,连接两座机场和多个交通枢纽的各种交通方式都被提到议事日程上来,相应的交通设施必将被迅速地规划和建设起来。只要做到交通设施互联互通,整个地区就能够迅速地连为一体。

武汉市的城际铁路已经基本完成规划建设,它们有一个很明显的特点,就是进出城方便,但相互之间换乘不便。在大武汉地区的大都会发展轴上,有三条城际铁路,一条是从武汉经鄂州到黄石的,叫武石城际;另一条是从武汉到黄冈的,叫武冈城际;第三条是从武汉到孝感的,叫武孝城际。现在武孝城际、武石城际和武冈城际都已开通运营,只要尽快打通武汉站与汉口站之间的联络通道,开展直通运营(当然可以有不同的运行交路),就可以开通"武鄂黄黄孝"这条交通大动脉(图4-10),就能够连接"五市两场"(再加上已有的长江水道和高速公路),使之成为大武汉地区城市发展轴的骨架和最关键的基础设施。

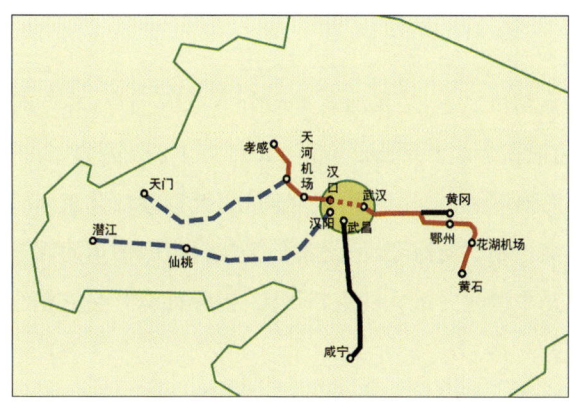

> 图 4-10 打通"武鄂黄黄孝"大动脉

这样的城市空间重筑必将改变武汉城市空间发展的格局,还可以让武汉彻底摆脱"摊大饼"式发展的困境,从此走进城市空间有序发展的新时代。因此,我们看到"一市两场"已经开始重筑大武汉地区的城市空间结构了!

在民航视角下,大武汉地区的城市空间结构是:以武汉中心城为核心、武鄂一体化为基础、西起孝感市、东至黄石市、北括黄冈市的巨型结构体,它东接长三角、西联成渝、北上京津冀、南下珠三角(图4-11)。由于武汉不靠边不沿海,连接世界就只能靠两座机场了,这也诠释了机场对内陆中心城市的重要性。

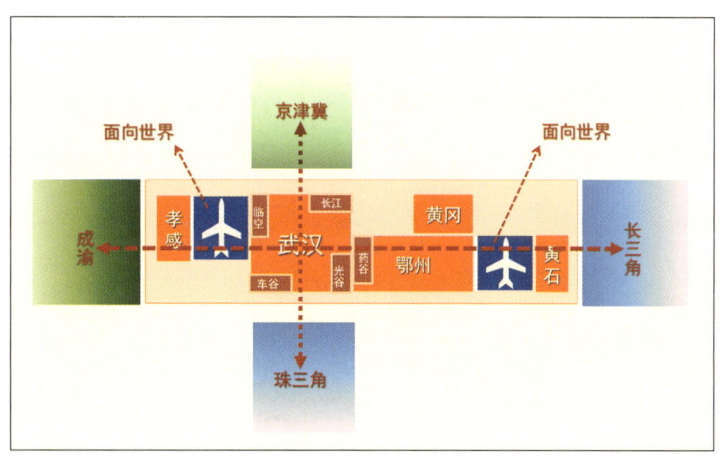

> 图 4-11 民航视角下的大武汉城市空间规划

4.4 民航视角下的天津城市空间规划

天津是我国最早的直辖市之一,是我国北方对外开放的门户,北方的航运中心、物流中心和现代制造业基地,全市总面积为1.2万 km²,常住人口为1 373万人,2021年实现地区生产总值15 695亿元。天津位于海河下游,东临渤海,北依燕山,西靠首都北京,它位于海河五大支流的汇合处和入海口,素有"九河下梢""河海要冲"之称。天津自古因漕运而兴起,是军事重镇和漕粮转运中心。现在天津依然是中国北方最大的港口城市、国际性综合交通枢纽、国家物流枢纽。

4.4.1 滨海新区与滨海国际机场

天津的滨海新区是国家级新区和国家综合配套改革试验区,国务院批准的第一个国家综合改革创新区。滨海新区位于天津中心城区以东的沿海地区,处于环渤海经济圈的中心地带,总面积为2 270 km²,常住人口为205万人,2021年地区生产总值为8 760亿元。1994年天津市决定在天津经济技术开发区、天津港保税区的基础上建成滨海新区(图4-12)。2005年滨海新区被纳

> 图 4-12　天津滨海新区总体规划图

入国家发展战略,成为国家重点支持开发开放的国家级新区。2014年底滨海新区获批为自贸区,成为我国北方第一个自贸区。

始建于1939年的天津滨海国际机场位于天津中心城区与滨海新区之间,1950年正式通航民用航班,是我国最早的民航机场之一。现在天津滨海国际机场拥有2条跑道、2座航站楼、59个机位,已经开通180条航线、通航城市132个。2019年天津滨海国际机场完成旅客吞吐量2 381万人次、货邮吞吐量22.6万t、飞机起降16.7万架次。天津滨海国际机场规划有3条跑道,未来将再增加一座航站楼等相关生产设施,使旅客处理能力提高到5 500万人次以上、货运处理能力提高到100万t以上。

天津滨海国际机场东侧规划建设了中国最早的临空产业园区之一——天津临空经济区,区内规划有天津空港物流加工区和民航科技产业化基地等产业园(图4-13)。值得一提的是空中客车(天津)总装有限公司的生产基地、中国民航大学等均位于临空经济区内。

> 图4-13 滨海国际机场及其临空经济区规划图

4.4.2 民航视角下的天津城市空间结构

天津城市建设历史悠久,其城市空间结构的形成有一个漫长的过程。从民航的角度来看,天津滨海国际机场的空间位置非常简单:东面是新区,西面是老城区(图4-14)。这种机场的选址在全国,甚至全世界都是很少见的。但是从天津城市发展历史的角度看,其实是先有机场,后有滨海新区的。机场位于新老城区的中间会给城市的发展带来许多重大影响:有机遇,临空地区的发展可以作为城市经济社会发展的动力源,更加直接、有力地推动城市发展和空间重筑;也有限制,机场在飞行噪声、净空限制、电磁管制等方面,对城市发展有着不同程度的限制。显然,"危"与"机"是并存的,只要我们的城市政府有公开透明的法制体系,有强有力的治理能力,这种空间布局模式可以最大限度地方便航空旅客的出行,最大限度地借力临空产业来发展城市经济,不失为一种好的模式。但是,如果对规划建设管控不力,在机场周边出现大量非法建设,就有可能导致机场最终不得不外迁。

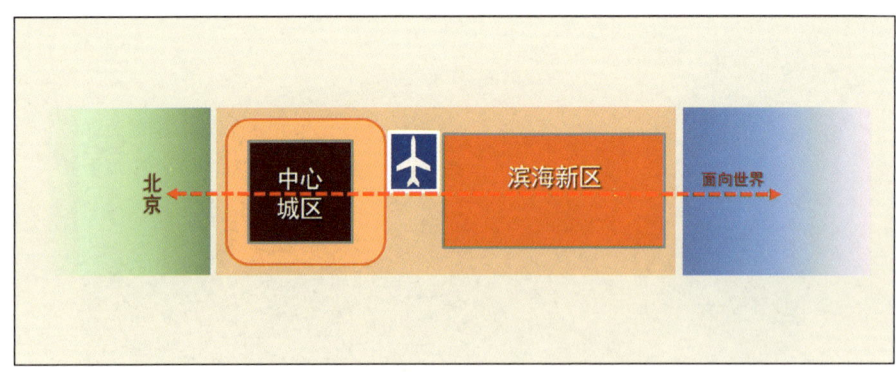

> **图 4-14** 民航视角下的天津城市空间结构

本章小结

对于机场与城市之关系的认识,应该说绝大多数城市规划师是不全面、不充分的。过去,我们简单地把机场看作一个有噪声公害的、少数人用的交通设施,布置在远离城市中心的地方,甚至有的城市规划范围内都没有机场,或者只是一个符号。现在不同了,航空和高铁是我们这个时代的代表性交通方式,机场与临空产业是城市功能提升和城市经济发展的动力源。大家开始从城市规划的角度关心、研究机场了,这是一个很好的开端。

总结一下,在城市空间结构的规划中,常见的机场布局模式有以下三种(图 4-15)。第一种模式最为常见,就是由于技术的原因,机场选址与中心城区有一个合适的距离,机场开通运营后,城市就在机场与中心城区之间规划建设城市新区。第二种模式是一座城市或一个地区内有两座机场,这就会诱发新的城市发展轴的形成,这种模式在特大城市和大都会地区比较多见,是比较典型的"一市多场"体系的发展模式。上海、武汉等就是很好的案例。第三种模式案例不多,就如上述的天津等,即机场位于城市的新老城区之间。

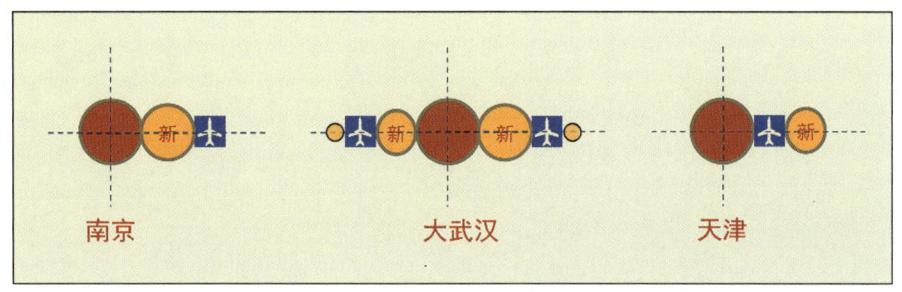

(a) 在机场与老城区之间发展城市新区(典型案例:南京)　(b) 一地区多机场(典型案例:大武汉地区)　(c) 机场位于新老城区之间(典型案例:天津)

> 图 4-15　民航视角下的机场与城市空间发展模式

门户型交通枢纽与城市空间规划

第 5 章
空铁视角下的城市空间规划

世纪之交,我国一些机场接受了枢纽运行模式和理念,北京、上海、广州三大枢纽机场已经形成。随着中西部崛起、东北经济振兴、沿边开放等国家战略决策的实施,我国还将出现运量发展较快、具有可持续发展潜力的一些中西部枢纽机场。与此同时,其他一些机场则面临被边缘化的问题,在机场定位、航线网络结构、收益水平、机场形象等诸多方面,竞争非常激烈。

同时,我国高铁的快速发展改变了公众出行的时空距离,相较于普铁,高铁不仅在速度和服务水平上有了较大提升,而且具有准点率高、安全便捷、运能大等特点,这对机场的发展产生了深远的影响。但影响并非全是负面的、恶性竞争的,特别是在大型机场的枢纽化建设进程中,高铁的作用也可能是正面的、协同的。

为此,本章将研究高铁与机场,特别是空铁一体化的"空铁枢纽"对城市空间结构的影响,希望从中找出一个航空、铁路、城市三赢的模式。

5.1 高铁车站与枢纽机场的一体化

高铁与机场合则两利,分则相争。高铁车站与枢纽机场航站楼对接之后,高铁在拉走旅客的同时,也给机场带来了旅客。但如果高铁车站不与枢纽机场航站楼对接,甚至高铁与机场远离(通常高铁车站离市中心较近),则必定产生明显的竞争关系。两者的合与分,将直接影响各自的发展和区域综合交通体系的融合。

5.1.1 高铁车站与枢纽机场航站楼对接

高铁车站与枢纽机场航站楼对接,不仅是设施的硬对接,还包括运行机制的软对接,只有实现两者的全面"无缝对接",才能发挥互相促进的作用,实现空铁联运的诸多益处。

1) 高铁能帮助枢纽机场做大蛋糕,机场能帮助高铁吸引高端旅客

高铁车站与枢纽机场航站楼无缝对接,实现空铁联运,有利于充分发挥高铁的大运量、快速准点的集散优势,扩大枢纽机场的辐射范围,吸引更多的旅客,将机场"一小时辐射圈"半径拓展到 300 km 左右;同时提高旅客乘机服务便捷程度,减少旅客换乘时间及空铁中转客流对城市交通的干扰,使机场成为服务更大区域的大型综合交通枢纽,可以极大地巩固枢纽机场在城市群中的枢纽地位。如上海浦东国际机场,上海市客流约占 65%、长三角客流约占 25%、航空中转客流约占 10%。对于高铁来说,其与枢纽机场的对接可以极大地提升一等座、商务座旅客量,可以实现飞机两舱旅客与高铁商务座旅客的共享。

2）高铁可视作枢纽机场的支线航班

高铁主要服务于国内中短途城际出行，枢纽机场侧重于国际与国内长途出行，枢纽机场可以把高铁视作其枢纽辐射网络的一部分，视作支线航班。与民航相比，高铁线路 50 km 左右设置一站，500 km 线路范围内可辐射 5～10 座城市，呈"轴辐式"网络服务，可使枢纽机场辐射的城市数量成倍增加。虽然在部分细分市场空、铁会形成激烈竞争，但两者形成的立体交通网络将会为旅客提供更加丰富的出行选择，极大提高城市对外交通运输组织方式的多样性、弹性与可靠性。目前，长三角依托沪宁、沪杭、沿海、沿江等主要高铁线网，正逐步形成以上海为中心的"一小时高铁经济圈"。

3）高铁车站与枢纽机场对接有利于集约使用城市资源

规划建设空铁一体化的综合交通设施，可以集约配置机场与铁路共用的各类交通与市政配套设施，最大限度降低机场、铁路对城市的分割影响，节约土地、减少投资、减少公害。如上海的虹桥机场与虹桥高铁站整合建设为虹桥综合交通枢纽后，不仅共享了轨道交通 2 号线和 10 号线，以及延安高架路、嘉闵高架路、北翟高架路等快速道路系统，而且避免了对外交通设施分散造成的城市土地分割，减少了环境污染。

4）实现高铁车站与枢纽机场的运营软对接更重要

空铁联运发展的关键，除了实现铁路与枢纽机场在基础设施上的硬对接之外，更重要的是建立铁路运输与民航运输全流程、一体化的运营机制，实现软对接。特别是要发展高铁车站远端值机功能，实现从设施衔接延伸到运营衔接，在航班和车次上实现代码共享等，开展一体化运营，最大限度地提高旅客换乘的便捷度。

兰州中川国际机场的综合交通枢纽位于其二号航站楼之前，整合了高铁、长途、公交、出租、机场巴士、社会车辆等多种交通方式和停车设施（图 5-1），实现了各种交通方式间的无缝连接，有效地解决了中川机场区域复杂的交通问题。兰州中川国际机场的综合交通枢纽在高铁与航站楼之间的枢纽设施总用地面积约 13.47 万 m²，总建筑面积为 11.142 万 m²，包含一座换乘中心和两栋社会停车楼。旅客换乘中心大厅无缝衔接航站楼和高铁站，换乘距离在百米以内。两栋社会停车楼位于高铁站西侧，底层与换乘中心通过两条商业走廊连接，方便社会车辆接送旅客。兰州中川国际机场的综合交通枢纽投运后，大大扩大了机场的市场范围，迎来了一波机场旅客量的高速增长，为全国交通运输行业所瞩目。

与兰州中川国际机场的综合交通枢纽相似，吉林长春龙嘉国际机场的高铁车站建成投运后，也极大地方便了旅客，特别是吉林市旅客的出行，现在已有 35% 以上的航空旅客利用高铁进出机场。

> 图 5-1　兰州中川国际机场综合交通枢纽剖切图

5.1.2　高铁车站不与枢纽机场航站楼对接

高铁与民航运输的比较优势分别体现在 300～800 km 和＞800 km，铁路提速当然会冲击民航短途航线，但随着运输距离增加，高铁的运输时间增加，其优势就会下降。据民航统计，在与高速铁路线路相近的通道内，运输距离在 500 km 左右的航线客流流失预计在 50％以上，800 km 左右的航线客流流失预计在 20％～30％，1 000～1 200 km 左右的航线客流流失预计在 15％～20％，1 500～2 000 km 及以上的航线影响较小。可见，运输距离、时间长短是旅客出行选择中的重要因素。在高铁 3 个小时可达范围内，铁路处于主导地位；而随着高铁运输时间的增加，民航的竞争力逐渐走强。因此对于干线机场、枢纽机场来说，高铁车站与机场航站楼对接是双赢的。

如果高铁车站不与枢纽机场航站楼对接，则两者在"以所在城市为目的地的市场"将形成激烈竞争，前节所述两者对接的种种优势几乎丧失殆尽，两者之间竞争就会成为其相互关系的主要方面，因而会给高铁与航空之间的换乘旅客带来极大的不便，对这种换乘量较大的一、二线城市来说，大量旅客的这种换乘不便对市内交通的影响也是不容小觑的。

高铁枢纽与枢纽机场如果不能实现对接，就意味着高铁和民航两个大的市场不能对接，相对封闭，也就意味着大家不能在同一个平台上竞争。这对维持一个健康的运输市场是非常不利的。只有大家都拆除围墙，到同一个平台上来，共同面对同一个市场的时候，才会有更加广阔的前景和更加远大的未来。

5.1.3 高铁对枢纽机场影响的对策建议

综上所述,如果高铁车站与枢纽机场分离,则在短途和中途运输服务方面存在明显的竞争关系;如果高铁车站与枢纽机场航站楼一体化规划建设,实现空铁联运,则会产生 $1+1>2$ 的倍增效果。因此,构建高铁车站与枢纽机场航站楼一体化的综合交通枢纽,全面实现设施硬对接和运营软对接是枢纽机场与高铁的双赢之路。为此,我们需要做好如下工作:

(1) 要加强综合交通枢纽建设。旅客会关注完成一次出行中交通方式之间的换乘时间,高效换乘非常重要。为此,建议枢纽机场在对接多样化的陆侧交通方式时,构建以机场为核心节点,集航空、铁路、公路、水运于一体的综合交通枢纽,配套相应的换乘设施,保证客流有序地进行换乘。对于新建或改扩建的枢纽机场,应预留高铁引入机场的用地,在航站楼设计和建设时充分考虑各种交通方式之间的立体换乘,建设兼容各类交通设施的综合交通枢纽。

(2) 要完善枢纽机场集疏运体系。集疏运能力决定枢纽机场的发展空间。建议在构建畅通高效的综合交通枢纽的基础上,建设完善的地面集疏运体系。特别要重视高速、准时、大运量的高铁运输,重点发展空铁联运。枢纽机场在引入高铁时,应将航站楼与高铁车站之间的换乘距离控制在 300 m 之内,并设专用旅客步行通道和步行辅助设备。

(3) 要特别注意提高服务品质、巩固高端市场。枢纽机场要发展空铁联运,基础设施和运输服务的一体化是关键。除了实现航站楼与高铁车站的紧密融合、高效换乘外,还要突破物理层面的连接,提供真正意义上的空铁联运服务,实现"一次购票、行李直挂"。建议积极推进民航、铁路在技术标准、运营规则、信息系统、服务系统等方面的全面对接。枢纽机场还要通过"智慧机场"的建设,实现空铁联运信息系统的一体化构建,着力发展高铁车站远程值机服务,始终盯住常旅客、两舱旅客、商务旅客,提高服务品质,巩固高端市场。

(4) 要在区域规划中以枢纽机场为骨干,建设空铁一体化的机场群。高铁系统的高可靠性,使得空铁一体化成为支撑机场群快速发展不可缺少的前提条件。高铁网的支撑是实现机场群有效连通,提高整体效率,促进融合发展的重要基础。为此,建议大力推进机场群空铁一体化规划建设,支撑机场群统筹发展。应以高速铁路、城际铁路为重点,推进机场群之间快速通道的规划建设,构建以枢纽机场为核心、互联互通的立体综合交通体系,带动机场群整体发展,服务机场间的交通联系,提升枢纽机场的区域辐射能力和协同发展能力。

以下以上海的门户型空铁枢纽与城市发展轴规划建设、山东济宁兖州的"空铁新城"发展规划为例加以阐释。

5.2　空铁视角下的上海东西发展轴

城市发展轴是城市经济社会中活跃设施的集聚带。历史上上海一直是沿着黄浦江发展的，黄浦江就是上海的城市发展轴[图 5-2(a)]。因为在那个时代，水运对上海经济的发展起到了非常重要的作用，于是在码头附近形成了城市最有活力的设施群。但浦东开发开放以后，特别是浦东国际机场建成投运以后，从市中心到虹桥、浦东两座机场的交通通道上，新经济要素集聚得很快，逐渐形成了一条东西向城市发展轴。等到 20 世纪末时，服务长三角、服务内地经济社会发展成为上海必须直面的课题。于是，上海就策划在虹桥这个地方建一个综合交通枢纽，并将它打造成为促进上海城市经济发展、推动城市空间再筑的核心设施。

2010 年，虹桥综合交通枢纽建成投运，开启了上海双"空铁枢纽"的时代，上海的东西向城市发展轴就完全形成了[图 5-2(b)]。现在人们的脑海中，上海的东西发展轴已经明显地强于南北发展轴（黄浦江轴）。在这一重大变化之中，位于东西发展轴两端的两大门户型交通枢纽起到了非常关键的作用。

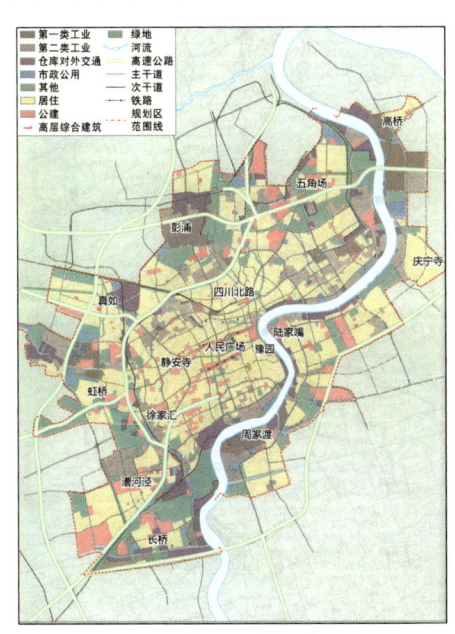

(a) 南北发展轴示意　　　　　　　(b) 东西发展轴示意

> 图 5-2　上海的南北发展轴和东西发展轴

5.2.1 虹桥综合交通枢纽与虹桥商务区开发实践

虹桥综合交通枢纽集成了高速铁路、磁浮、城际铁路、高速公路客运、城市轨道交通、公共交通、民用航空等各种运输方式,整个交通枢纽每天设计集散旅客110万人次。具体的交通基础设施包括虹桥机场、铁路客运站、长途巴士客运站、公交车站、磁浮客运站、轨道交通车站、出租车上下客站、停车库和各种道路(图5-3)。虹桥综合交通枢纽是城市交通建设史上的一次重大创新,它将多种交通方式结合在一起,不管是汇集的交通方式的数量还是规模,在国内外都是罕见的。

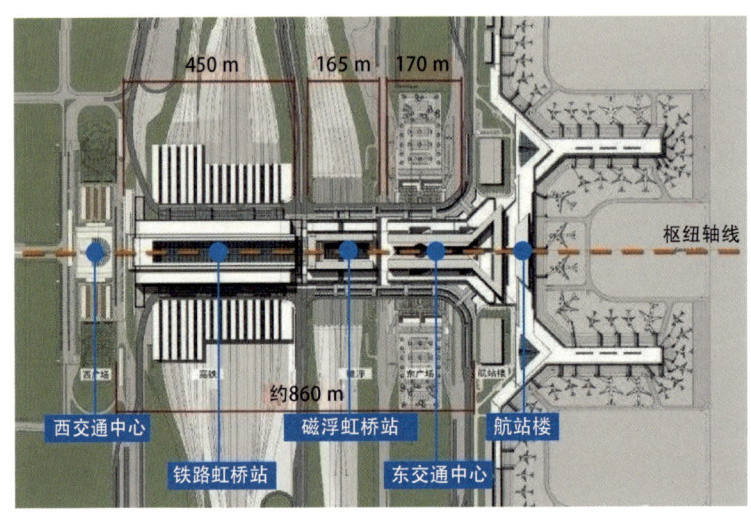

> 图 5-3 虹桥综合交通枢纽总体布局示意图

在虹桥地区建设上海最大的对外交通门户,并将其周边规划建设成为内贸和服务业的集聚高地——虹桥商务区,补充并强化上海东西轴的"西极"功能,是虹桥综合交通枢纽建设的目的之一。按照规划要求,虹桥商务区应该以交通枢纽功能为特征,成为长三角最重要的人员集散、信息交流、资金流通的节点。同时要以国内交流为特色,分担上海经济、金融、贸易、航运四个中心服务长三角的职能。

在产业布局方面,上海在沪宁、沪杭、沪湖三个方向上已分别有安亭汽车城、物流园区,松江大学城、先进制造业基地,以及青浦方向的旅游、居住设施等。虹桥商务区如果再发展类似产业,显然是与之冲突的。所以,虹桥商务区定位为商务办公区,应该以现代服务业为重点,成为上海重要的现代服务业集聚区之一,希望规划建设成为长三角的商务中心。

经过十年发展,虹桥综合交通枢纽撬动了虹桥商务区核心区作为长三角CBD的发展。现在，虹桥商务区核心区已经形成很好的产业集聚，而且产业发展与枢纽功能高度相关(图 5-4)。到 2019 年，已有 16 家世界 500 强企业、27 家外资企业地区总部、121 家国内外上市企业总部(或功能性总部，或区域性总部)、125 家行业领军企业总部入驻商务区核心区，如阿里巴巴、壳牌、中骏、罗氏、斯伯格、梅塞尔等。商务区的注册企业已有 6 845 家，与商务区核心区相邻的闵行片区注册企业为 21 978 家、长宁片区注册企业为 573 家、青浦片区注册企业为 4 561 家、嘉定片区注册企业为 4 522 家。也就是说，虹桥商务区核心区已经集聚了推动长三角经济发展的一系列资源，为发挥长三角 CBD 作用打下了很好的基础。在目前上海办公楼出租率不高的背景下，虹桥商务区核心区办公楼招商及出租情况依旧良好，税收贡献非常可观。以核心区 27 个地块项目 352 栋楼宇为例，2018 年完成税收 25.93 亿元。最先建成的瑞安虹桥天地到 2019 年时，其商业设施和办公设施的出租率都达到了 100%。虹桥商务区核心区良好的开发效益，使上海市政府在不到十年的时间里，就已经收回了对虹桥商务区和虹桥综合交通枢纽的全部投资。

> 图 5-4 虹桥商务区总体规划图

现在，虹桥商务区这一临空经济区依托虹桥综合交通枢纽，已形成以现代服务业为特征的产业集聚，总部经济、枢纽经济、数字经济三大产业高地态势明显。

一是总部经济高地。总部企业集聚已成为虹桥商务区的一张特色名片。区内汇集了联合利华、博世、江森自控等一批跨国公司地区总部，入驻经商务委认定的总部型企业32家，其中跨国地区总部23家。总部经济已成为临空区域发展的经济"压舱石"，占示范区经济总量约30%。在长三角产业链、价值链融合发展的框架下，更多地区总部和行业头部企业正汇集临空经济区。虹桥国际开放枢纽建设将为枢纽经济产业的发展搭建更大的合作平台，促进更大规模的要素流动。

二是枢纽经济高地。虹桥商务区充分发挥自身综合优势，着力推动产业结构转型调整，枢纽经济产业高地态势渐显，大健康、人工智能、时尚创意等高端服务业活力迸发。2020年单位面积生产总值达到了每平方公里40亿元。借助临空区位优势，长宁区承接了上海构建新发展格局的部署要求，全力推进了航空产业在虹桥商务区的快速发展。近年来入驻的航空企业数达到了146家，占长宁区航空经济比重90%以上，包括东方航空公司、海南航空公司、春秋航空公司、上海机场集团等一批航空龙头企业已扎根虹桥临空地区，涵盖了航空产业链上的民航运营、货航运营、公务机运营、航空维修、航空物流、航空培训等多种业务类型。

三是数字经济高地。依托虹桥综合交通枢纽和"数字长宁"品牌战略的先发优势，虹桥商务区吸引了携程、爱奇艺、科大讯飞、联影智慧医疗、百秋电商等一批行业龙头企业纷至沓来，目前商务区内重点数字经济企业已超700家，涵盖互联网＋旅游、生鲜、家庭服务、汽车、消费金融、教育、房产等多个细分领域。虹桥商务区已成为长三角地区互联网产业的政策创新策源地、风险投资高地和成熟互联网企业、TMT综合体入驻的理想之地。

顺应总部经济、枢纽经济和数字经济创新发展的大趋势，虹桥商务区将会吸引更多企业入驻，同虹桥综合交通枢纽一道不断发展壮大。

5.2.2 浦东国际机场一体化交通中心与航空城开发研究

浦东国际机场在其二期工程时，就规划建设了一个集航空、磁浮、铁路、地铁、各种巴士、出租车、社会车辆等多种交通方式及交通设施和各种商业服务、办公、住宿会议设施于一体的交通综合体，称为"一体化交通中心"（图5-5）。其实，浦东国际机场的航站区也是一个规模巨大的门户型交通枢纽。

在浦东国际机场规划设计的早期，机场建设指挥部就关注了浦东国际机场周围地区的开发问题。1995年，日本政府应上海方面之邀组建了"浦东国际机场总体规划调查团"，该调查团与

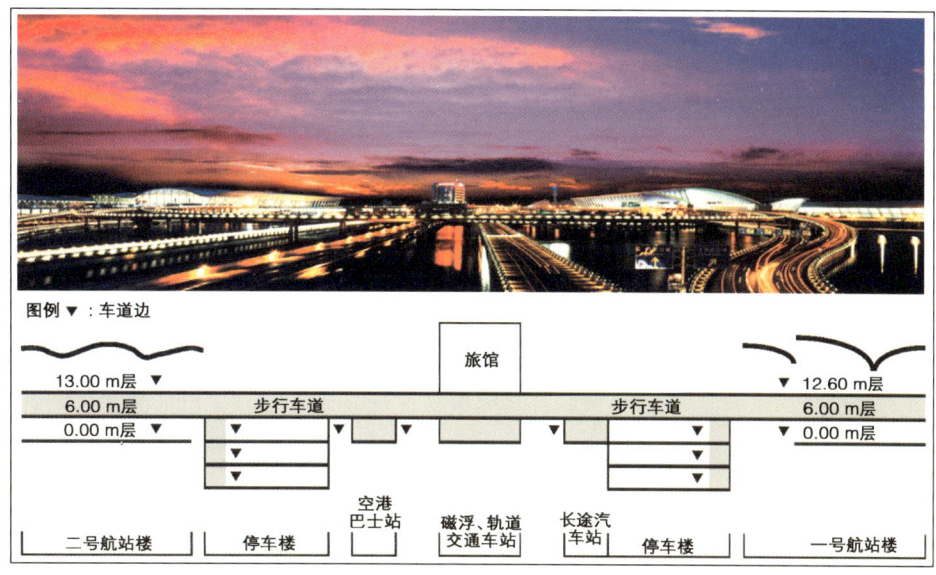

> 图 5-5　浦东国际机场一体化交通中心

浦东国际机场建设筹备组系统地提出了浦东国际机场周边地区开发方案(详见《浦东国际机场规划故事》,上海科学技术出版社 2019 年出版)。该方案明确提出了以下航空城规划的基本理念:①航空城由国际交流区、国际物流区、航空相关产业高度发展区组成。这就是后来我们所说的商务交流园区、物流产业园区、航空产业园区。②明确建立了三大临空产业园区与机场航站区、货运区、机务区三大功能区的对应关系,初步建立了临空产业链的模型。③基本锁定了浦东国际机场周围地区的空间规划与设施布局。该规划布局基本上延续至今。1997 年,浦东国际机场工程建设指挥部牵头完成了一个更大范围的"浦东国际机场航空城规划",该规划的重点放在川南奉公路以西、浦东运河以东、江镇河以南、祝桥镇以北的区域内。该规划实质上是在上述"浦东国际机场总体规划调查团"规划的航空城的西侧规划了一座生活城,补齐了航空城的另一个产业链——生活服务园区。当时还结合浦东国际机场的建设需要,启动了浦东运河沿岸的码头建设和机场员工生活区的规划建设。

随后出版的《21 世纪航空城——浦东国际机场地区开发研究》,对浦东国际机场航空城做了系统的研究,提出了一个"一城两镇"式浦东国际机场航空城的概念规划。该研究对浦东国际机场"港、产、城"与"投、建、营"做了系统的规划研究。同时,该规划研究还对一些相关产业链、具体的功能设施、眼前的招商项目等,做了初步的可行性研究和开发策划。

2003年，上海市城市规划设计研究院提出了一个"浦东国际空港地区结构规划"。该结构规划将视野放得更大，把川杨河以南、大治河以北的广大区域都纳入规划范围。规划布局上将浦东国际机场的生产运营设施和与之联系紧密的临空产业设施布置在川南奉公路以东地区，与生活服务有关的城镇化设施布置在川南奉公路以西地区；并对该地区的土地使用、产业开发、交通规划和环境保护等进行了详细的规划；对机场的净空保护、噪声回避、电磁环境等进行了详细的规范；还为机场的扩建留出了充足的发展用地。这是为浦东国际机场周边地区编制的最全面、最详细、离法定规划最近的航空城规划。当初，如果我们再努力一下，它就会成为中国第一个法定的临空经济区规划，也许就改变了历史。

现在，经过20多年的发展，浦东国际机场周围地区已经发生了翻天覆地的变化。上述各个关于浦东国际机场航空城的规划研究或多或少地都影响了周围地区的规划建设。今天，浦东国际机场周围地区四大临空产业链已经基本形成：①川南奉公路以东的物流与产业设施集中地区；②机场南围场河以南地区，以中国商用飞机有限责任公司总装制造中心浦东基地为代表的航空工业设施集聚区；③川南奉公路以西的城镇设施带，是航空城生活服务设施的集中地区；④待开发的机场航站区以北、沿轨道交通2号线发展的商务交流区（图5-6）。

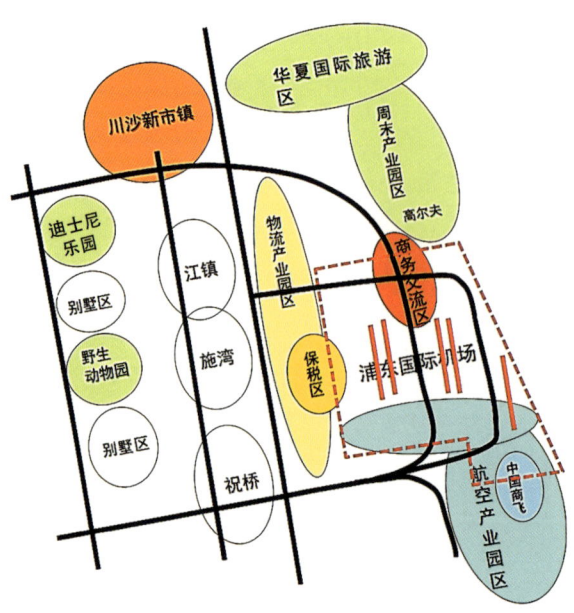

> 图5-6 浦东国际机场周边地区开发状况

最重要的是浦东国际机场投运20多年以来,随着多条连接城市中心区和浦东国际机场的道路、轨道交通的开通,原本荒芜的海边机场已经与城市建城区连成一片。浦东国际机场已经成为上海对外开放的最大门户之一,成为上海东西城市发展轴的"东极"。

5.2.3 门户型空铁枢纽与上海城市发展轴

虹桥与浦东两座机场的空铁枢纽中集成的交通方式是完全一样的,即航空、高铁、磁浮、长途汽车等为主体的对外交通系统,加上地铁、公交巴士、社会巴士、出租车、社会车辆等形成的市内集疏运系统。随着两个空铁枢纽旅客交通量的不断攀升,建立两枢纽间安全可靠、大运量、便捷的运输连接的需求也在不断提升。目前,两枢纽快速连接的封闭(或高架)道路体系已经建成;磁浮列车示范运营线、轨道交通2号线已经建成,市域铁路机场联络线正在建设中(图5-7)。与此同时,交通走廊的建设也带来了城市发展轴的迅速形成和强化。

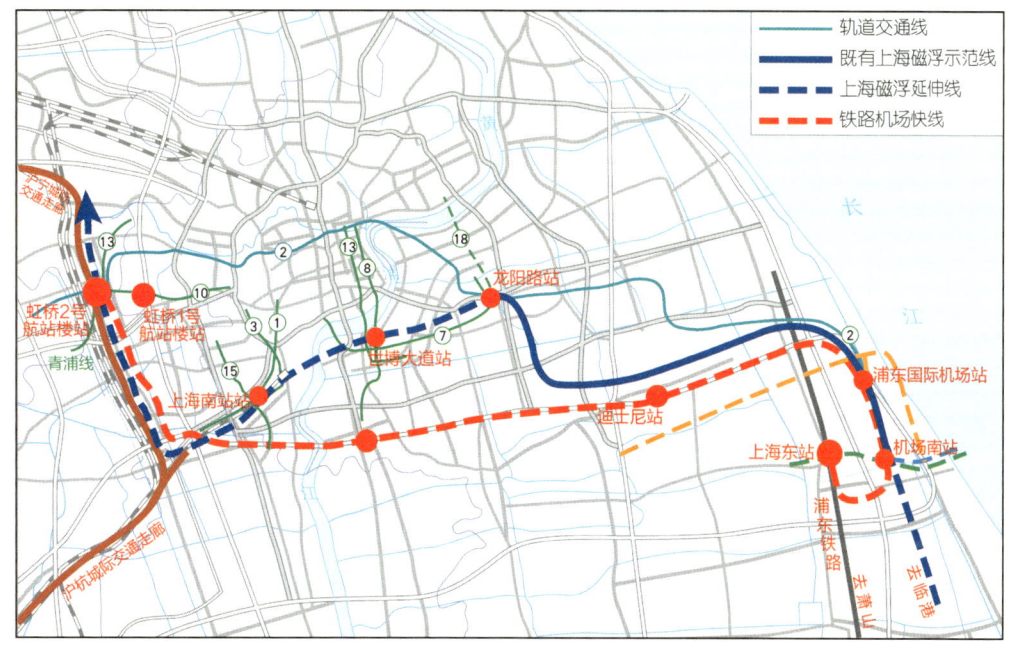

> 图 5-7 上海两机场轨道系统联络线

在这条城市发展轴上,虹桥综合交通枢纽建成以前,上海市已有以人民广场、外滩为中心的一个中央商务区和以陆家嘴为中心的一个新中央商务区,以及虹桥开发区和张江高科技产业园区。有了虹桥综合交通枢纽以后,这一城市商务轴得到了进一步的强化。当然,在这个轴上的各功能板块是有一定分工的,比如浦东的金融服务、外贸服务、出口加工,加上浦东国际机场,它们具有明显的外向性特征,是以面向世界的外向型经济为主的。虹桥综合交通枢纽建成后,浦西这边明显地提升了上海服务长三角、服务全国的能级,是面向长三角、面向全国的。改革开放后的前30年,上海的主要精力放在对接国际市场,在提高内需方面做得是不够的。从城市空间结构上也是同样的,上海往江浙方向辐射能力的建设一直是跟不上长三角高速发展需求的。因此,通过虹桥综合交通枢纽和虹桥商务区的规划建设,我们希望在未来30年里,大幅度提高上海辐射长三角的能级,并同时强化上海的东西向城市发展轴。正所谓"30年河东、30年河西"。

综上所述,虹桥综合交通枢纽和浦东国际机场一体化交通中心这两个门户型交通枢纽的规划建设,使上海东西发展轴上各城市功能板块相互之间联系更加紧密,并促成了它们之间的分工和错位发展,避免了简单的产业同构和空间同构,使城市空间结构更加有序和可持续发展。于是,空铁视角下的上海城市空间结构就展示在了我们的眼前,它已经成为代表上海城市风貌的最靓丽的风景线(图5-8)。

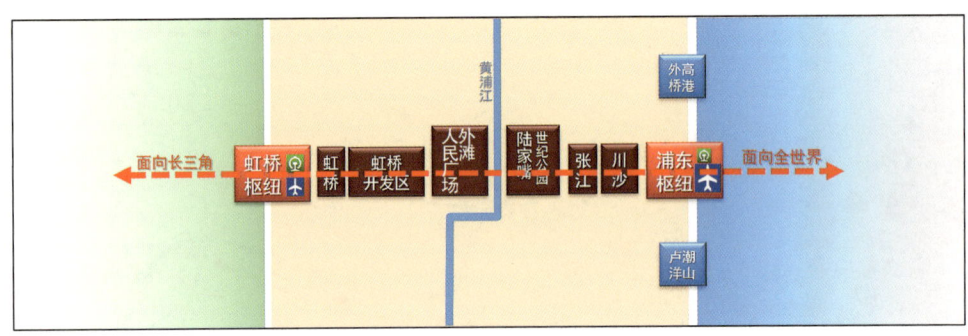

> 图5-8 空铁视角下的上海城市发展轴

在改革开放的前30年,上海用浦东国际机场撬动了浦东新区的发展,以浦东开发开放的成功,成就了一套面向世界的开放性经济体系。未来30年,上海通过虹桥综合交通枢纽和虹桥商务区的建设与运营,将更好地服务于长三角和内陆经济社会的发展。用今天的话来说,就是我们要做好"两个循环"。现在看来,在虹桥上海不仅打造出独一无二的交通枢纽,撬动了经济社会的发展,推动了东西向城市发展轴的形成;而且撬动了面向长三角的、品质卓越的虹桥商务区的形成,并使之成为上海西部辐射长三角的活力核心;同时,虹桥综合交通枢纽和虹桥商务区还塑造了一个个性非常鲜明的上海门户形象,成为长三角的代表和上海市的靓丽名片。

5.3 兖州"空铁新城"发展规划

兖州属山东省济宁市,地处山东省西南部,北邻宁阳,西靠汶上,南、西分别与邹城、任城接壤,东隔泗河和孔子故里曲阜毗邻,总面积为 535 km²。兖州常住人口为 54 万人,2021 年完成地区生产总值 587.74 亿元。兖州是古九州之一,历史文化资源丰富,九州文化、大禹文化、佛教文化等交相辉映,一直是一方政治、经济、文化中心,素有"军事重镇、九省通衢、齐鲁咽喉"之称。

5.3.1 济宁机场及其临空经济区

山东济宁新机场定位为 4E 级民用中型机场、国际定期航班机场(图 5-9)。它将成为儒家文化、鲁西南经济社会外向型发展的"空中桥梁",对推动儒家文化走出去,办好世界儒学大会、尼山世界文明论坛等国际节会,更好贯彻落实国家"一带一路"倡议具有强大的推动作用。

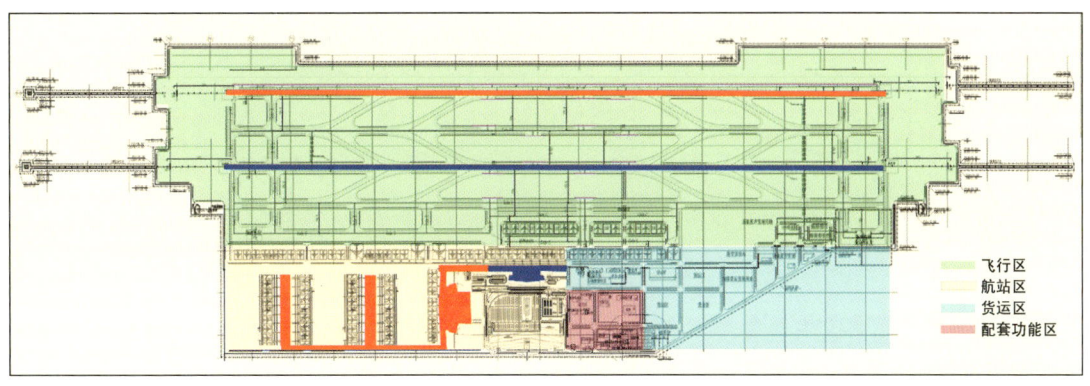

> **图 5-9** 济宁新机场总体规划图

为了充分把握机场带来的发展机遇,发挥济宁临空经济对鲁西南及周边区域经济的拉动作用,为兖州的产业转型升级和城市发展拓展新的空间,并以山东省新旧动能转化为主要基调,结合城市长远发展的总体要求,逐步完善航空港的城市功能,我们为兖州开展了"济宁市临空产业发展策划"和"济宁市临空经济区分区规划"工作。

济宁临空经济区位于兖州城区北部,紧邻济宁新机场,规划面积约 20 km²。规划范围东至 104 省道,南至兖州工业园区北区,西至规划建设中的济微高速公路,北至机场红线(图 5-10)。

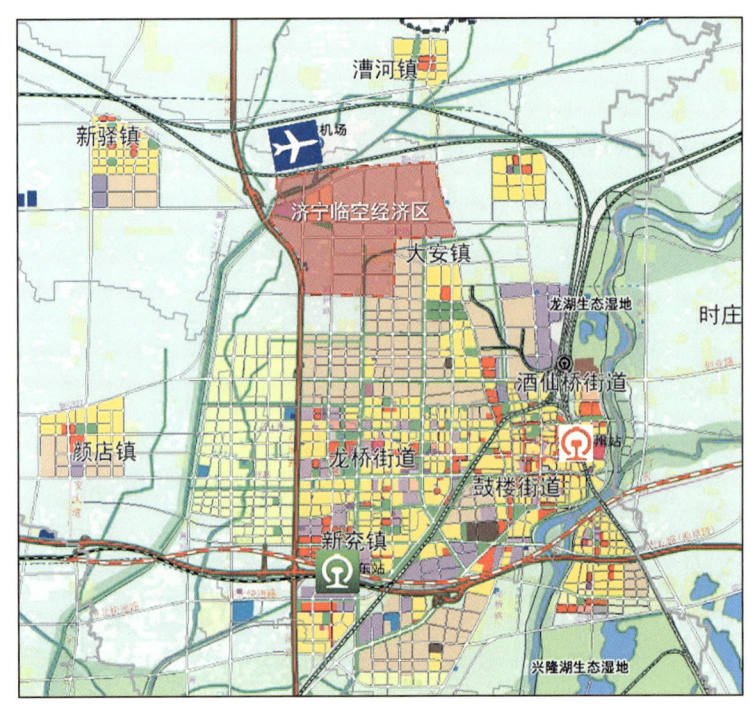

> 图 5-10　济宁临空经济区位置图

5.3.2　济宁临空经济区产业策划

济宁临空经济区将打造山东省新旧动能转换的创业之地、淮海经济圈的商旅物流集散中心、济宁城市转型发展的全新平台。为此,临空经济区确立了四大功能定位:①济宁城市的新中心:形成空港、陆港、产业、商务配套聚集区,成为城市发展、新旧动能转换的驱动中心。②空陆物流产业联动区:利用空港、陆港之间的区域和机遇,发展航空物流及其延伸产业、高端制造业、陆港物流及延伸产业、商业及生活配套区。③全国重要的旅游集散地和目的地:利用良好的区位优势,打造高端旅游集散区,延伸商旅产业链,完善配套,提升服务。④鲁西南最重要、最新的交通中枢:强化济微、京台、日兰、济徐高速的集疏运通道作用,提升发展京沪、京九等集疏通道的联系,对接联动兖州南站及曲阜东站,促进京沪高铁经济通道的资源导入兖州。

依据上述定位,我们为济宁临空产业的发展确立了四大基本策略:

一是以客流带物流。兖州具有众多优质的文化旅游资源,已经形成良好的旅游产业基础;同时还具有良好的制造业产业基础,可以大力发展商务旅行。因此应该先行发展商旅客流,做大做强客运航线网络,并以此带动航空货运物流产业的发展壮大。

二是以陆港带空港。大力发挥兖州"九省通衢、齐鲁咽喉"的地面交通优势,先行发展国家级"南北集散"的物流枢纽;同时与周边错位竞争,集中发展高端货物集散,逐步培育航空物流需求。

三是打造统一的物流信息平台。改变现状物流园区多、联动少的局面,打造公共信息平台;突出面向企业、面向制造业的公共物流平台,深度服务临空经济的发展。

四是多港多维度联动。在全市域、特别是在兖州城市发展和经济发展的层面上,整合陆港、空港、信息港,整合客流、物流,整合机场、高铁站、火车站、长途汽车站等,整合产业、交通和人口布局,重组兖州新的城市结构。

我们基于济宁产业发展的现状调研,根据机场腹地的优势产业,抢抓政策红利、紧扣临空主题、深挖资源禀赋,筛选并锁定了济宁机场临空经济区核心区临空产业重点聚焦的领域为商旅产业链和物流产业链(图5-11)。在商旅产业链上,应聚焦商旅服务、餐饮零售、酒店住宿等,其相关产业设施以旅游集散中心为代表,包括旅行服务、文化教育、会议展览、商务办公、教育培训、文化科研、金融、批发零售、体育运动娱乐、住宿等设施。在物流产业链上,应聚焦高端装备制造、快递与跨境电商等,其相关产业设施以分拨中心为代表,包括仓储、加工、包装、运输、保税租赁、各种制造工厂、种植场、养殖场等设施。

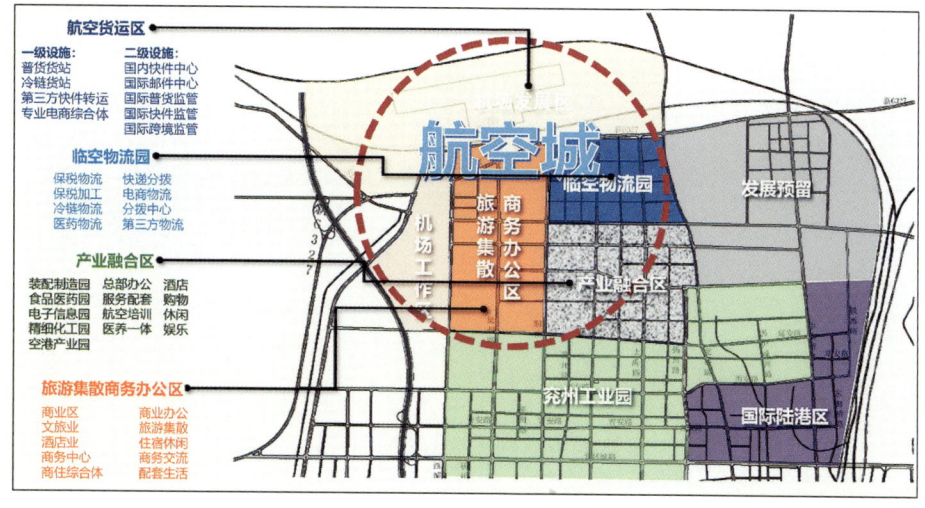

> 图 5-11　兖州临空经济产业策划

5.3.3 济宁临空经济区空间规划

根据上述临空产业策划,我们规划的临空经济区,整体上要形成"一核两轴三片一环"的空间布局结构(图 5-12)。

"一核"即临空综合服务核。它紧邻济宁新机场南侧的东西通道,包含旅游、商业、文化、商务、会展等多种服务功能。

"两轴"即空港功能景观轴:沿梁州路为临空经济区主要的功能景观轴线,串联临空经济区的主要功能节点;临空产城融合轴:融合城市和产业功能的主要东西向轴线。

"三片"即①商旅核心区:包括商旅中心、商务办公中心、会展中心以及配套的居住功能;其中商旅中心是融合旅游服务、酒店住宿、商业、文化等功能的复合中心。②临空生活区:为临空区域配套的品质住宅区,提供标杆性的教育、休闲等人才配套服务功能。③物流产业区:包括保税展示、海关办公、仓储物流以及相关的临空产业等功能。

"一环"即临空生态活力绿环:加强城市公园、街道、广场等的绿化建设,形成环状的活力绿廊。

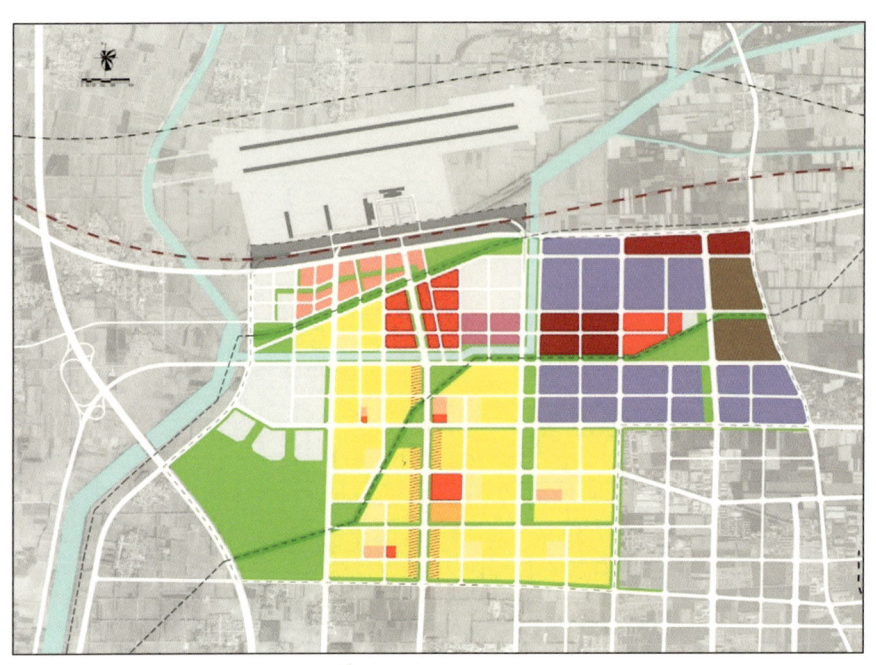

> **图 5-12** 兖州临空经济区功能分区与土地使用规划

5.3.4 空铁视角下的兖州城市空间规划

仅仅只有上述临空产业园区的开发还是很不够的,要让这样一个规模的机场来带动地区经济的发展,显得有些力不从心,甚至临空经济区本身的发展也有些过于乐观了。但是,我们之所以对济宁临空产业的发展充满信心,主要还是基于临空经济区靠近城市建成区,特别是紧邻城市新兴产业园区。这就是我们策划与规划的信心所在,也是工作的突破点所在。

由于济宁新机场的选址离兖州已建成的城区比较近,这使我们策划一个带动城市经济发展的临空园区和带动临空园区发展的城市空间扩展、城市经济发展之规划方案成为可能。因此紧扣这一核心议题,我们提出了规划建设一个以西浦路、梁州路、荆州路为主干的南北向城市发展轴,希望以此轴来重筑兖州城市空间结构。这就是济宁临空产业园区策划与规划的核心思想,也是策划工作的突破点,更是兖州未来发展的方向。当然这也是兖州在高速交通(航空+高铁)时代城市新旧动能转换、城市结构升级、城市空间重筑的指导思想。在高铁与民航快速发展的这个时代里,兖州必须跟上时代的步伐。

具体来说就是,我们认为应该"在城市的南北两端不断地投入,强化空港城和高铁城的功能,并通过不断地加强这两个新城之间的交通联系,来锁定城市南北轴。同时以此轴的建设带动新一轮的兖州城市经济社会的转型升级和不断发展"(图5-13)。为此,要做好空港城、高铁城的城市设计、开发规划、产业引进;要加快西浦路、荆州路的"快速化"改造;要重点推进梁州路的"街市化"建设,推进地铁、地面公共交通的导入;重点规划建设空港、高铁两个综合交通枢纽的便捷换乘和TOD开发。

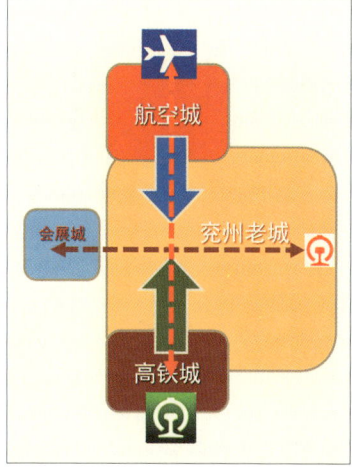

> **图 5-13** "空铁新城"与兖州城市空间规划

总之,航空城与高铁城应形成合力,与兖州既有建成区一道手挽手、肩并肩,抓住航空与高铁规划建设的机遇,实现兖州产业经济的转型发展,再创兖州城市空间结构的新辉煌。

本章小结

在我们这个以高铁和航空为代表性交通方式的时代,无论是高铁车站还是机场都是城市的门户型交通枢纽,如果能够让大城市的高铁枢纽与机场枢纽走到一起,那么就不仅能给旅客提供更加便捷的换乘服务,而且能使枢纽经济的能级大大提升,达到 1+1>2 的效果。但是要让高铁车站与枢纽机场的旅客航站设施真正对接好,是需要有聪明的策划和精细的项目管理的。

空铁枢纽一旦形成,就会对城市服务业的发展和城市空间规划带来巨大的影响,我们应该给予足够的重视。由于空铁枢纽受机场的影响,往往都与城市既有建成区离开一定距离,于是如何规划建设好空铁枢纽与旧城之间的这块土地就成为一切工作的重点。能级极高的空铁枢纽的建设和运营,对城市来说总是机遇和挑战同在的,抓住这一机遇可以快速改善城市空间结构,失败了就会带来比空铁分离更大的混乱和困惑。

当空、铁枢纽分离时,如何规划布置好空、铁枢纽的选址,如何布置好高铁线路的走向和机场跑道的方位,应该充分考虑城市空间的规划布局,以最大限度地发挥出空铁枢纽对城市发展的牵引作用。空铁枢纽与城市空间的布局方式大致有如图 5-14 所示的四种。

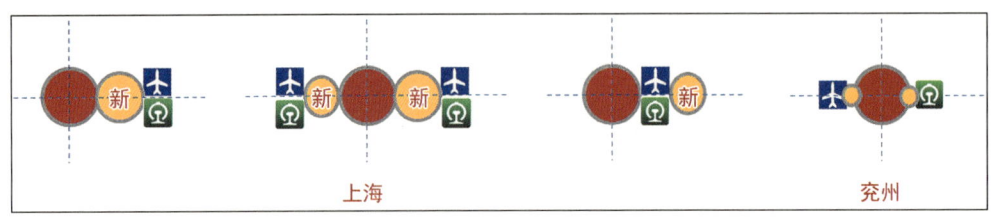

> 图 5-14 空铁枢纽与城市空间发展模式

第 6 章
空铁视角下的城市群空间规划

6.1 概述

在区域规划中,每座城市都有一个或几个门户型交通枢纽,这些门户型交通枢纽的规划布局与城市群空间规划的关系密切。在高铁与航空的时代,城际客运专线的大规模兴建,为我们提供了调整和重筑城市群空间结构的良好时机。要做好这个时代的城市群空间规划,就必须要做好高铁车站、机场航站区的规划设计,特别要关注空铁一体化的所谓"空铁枢纽"的规划建设。

空铁枢纽将我们这个时代城市发展的两大发动机集成在一起,它在城市群规划中的作用和对城市群空间结构的影响是爆炸式的。它就像氢弹是一颗原子弹的核裂变引爆了另一颗原子弹的核聚变一样,其能量一加一是要远远大于二的。无论是在大都市圈发展战略上,还是在小区域规划中,也无论城市之间离得近,还是离得远,空铁枢纽都会在城市群空间构筑中爆发出人们意想不到的能量。

6.2 空铁枢纽与粤东城市群空间规划

广东东部沿海地区的城市,本章中将其称为"粤东城市群",具体来说是指潮州、汕头和揭阳三市,是正在发展进化中的"揭潮汕都市圈"。粤东三市有陆地面积约 10 585 km²,海域面积约 20 000 km²,人口为 1 365 万人,地区生产总值约 6 439 亿元。这里是中国的著名侨乡,本地人口与旅居境外、海外的华侨人数基本相当。

6.2.1 粤东城市群与中央新城

潮州是广东东部门户城市,它北靠梅州,南濒南海,东邻漳州,西接揭阳、汕头,总面积为 3 613.9 km²,人口为 257 万人,2021 年实现地区生产总值 1 244.85 亿元。潮州是一座拥有 1 600 多年历史的文化古城,潮汕文化是岭南文化的重要组成部分,是中华文化的重要支脉。潮州是海上丝绸之路的重要门户和对台经贸的重要通道。潮州还是中国优秀旅游城市、国家历史文化名城、中国瓷都、岭头单丛茶之乡、潮州菜的发源地、国家园林城市,是著名的华侨之乡、港澳台同胞的主要祖籍地之一。

汕头是我国最早的经济特区之一、海上丝绸之路的重要门户和东南沿海的重要港口城市,位于韩江三角洲南端,北接潮州,西邻揭阳,南濒南海,东与台湾隔海相望,境内韩江、榕江、练江三江入海,是中国大陆唯一一座市区拥有内海湾的城市。汕头总面积为 2 199 km², 常住人口为 553 万人,2021 年实现地区生产总值 2 929.87 亿元。

揭阳地处粤港澳大湾区与海西经济区的地理轴线中心,全市陆地总面积为 5 240 km², 常住人口为 562 万人,2021 年实现地区生产总值 2 265.43 亿元。揭阳境内主要有榕江、龙江和练江三大水系,榕江南北两河环绕揭阳市区。揭阳因古五岭之一的揭阳岭而得名,是潮汕地区的新兴城市,有"鱼米之乡""国画之乡""小戏之乡""龙舟之乡"的美称。揭阳滨海新区是广东省委省政府专门规划、专项政策支持打造的广东沿海经济带的重点平台。

潮州、汕头、揭阳三市之市中心相距 30~40 km,随着经济社会的发展和交通设施的进步,文化习俗完全一致的三市一体化趋势日渐明晰。特别是厦深高铁潮汕站和揭阳潮汕国际机场开通运营以来,在三市连线形成的中心地带,一座"中央新城"的雏形已经显现(图 6-1),在空铁两大枢纽之间,未来城市 CBD 的规划建设也已经展开。

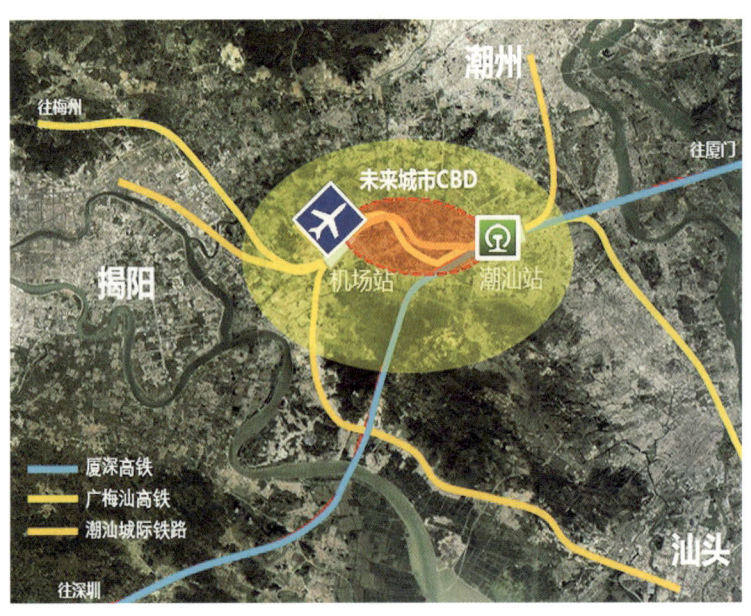

> **图 6-1** 粤东城市群中的机场与高铁车站

6.2.2 潮汕高铁车站与揭阳潮汕国际机场

潮汕高铁车站建筑造型融入了具有当地民居风格的斜屋面、虎头墙等元素(图 6-2),总占地面积约 30 hm^2,车站南北站房面积超过 1 万 m^2,南广场占地约 3 万 m^2,车站拥有 4 台 12 线(4 座岛式站台),其中有 4 条正线。规划途经潮汕站的线路有厦深铁路、梅汕铁路和揭潮汕城际铁路。车站设计每年旅客吞吐量大于 2 000 万人次、日接发旅客列车 120 对。车站采用下进上出和南北进出相结合的乘车方式。车站南北站房通过宽 12 m 的地下通道相接,南北都有售票处和候车厅,车站外所有的旅客活动区域均位于地面层。车站办公和机房区域与站房相分立。公交站场均位于潮汕站的北广场,社会车辆在南北广场皆有相应的上客落客设施。

> 图 6-2　潮汕高铁车站景观

揭阳潮汕国际机场位于揭阳、潮州、汕头三市的地理中心位置,距离揭阳 22 km、汕头 28.5 km、潮州市区 24 km。揭阳潮汕机场是粤东联系世界的门户之一,是广东第四大国际机场,广东机场集团下辖的第二大机场。它辐射闽西南、赣东南部分地区,直接服务人口达 3 000 万人左右。2011—2019 年,年均旅客吞吐量增长率为 16%,新冠肺炎疫情前的 2019 年已经达到了 735 万人次。根据机场总体规划,2040 年旅客吞吐量将达到 2 800 万人次。同时机场周边交通便利,甬莞高速公路与汕昆高速公路在此交汇,已建成并于 2019 年 10 月通车的广梅汕高铁在航站楼前设有机场高铁站,厦深高铁潮汕站距机场 8 km。另外,规划中的揭潮汕城际铁路将设揭阳潮汕机场站、潮汕站、汕头站等,以这些交通枢纽为中心,揭潮汕中心城区之间将实现 30 min 互达。随着旅客吞吐量的快速增长,机场与高铁车站之间有望发展成为三市交汇的中央新城,成为揭潮汕地区的 CBD。这些都将为机场航站楼综合体项目带来商业、住宿等业态的巨大市场空间。

潮汕机场航站楼前的综合交通枢纽规划总建筑面积约 14 万 m^2,它把航站楼与高铁车站连接成一个综合体(图 6-3),包括综合换乘中心、停车库、旅客过夜用房和商业配套办公四大功能设施。在这里机场为航站楼进出港的旅客和地面各种交通工具(高铁、公交、旅游大巴、出租车及私家车)换乘提供了非常便捷的服务。该综合体地下一层和地上一层均与航站楼和高铁站直接连通(图6-4),地上三层的旅客过夜用房大堂与航站楼三层(出发层)直接连通。这是一个典型的以中小机场为背景的空铁枢纽。

> **图 6-3** 揭阳潮汕国际机场航站楼与交通中心效果图

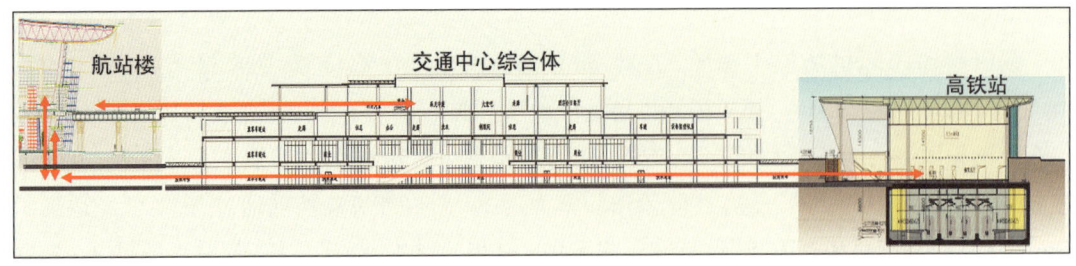

> **图 6-4** 揭阳潮汕国际机场航站楼前的交通中心与高铁车站示意图

6.2.3 空铁视角下的粤东城市群空间结构

在揭阳、潮州和汕头这三座城市的中心位置,空铁枢纽的规划建设,将会带动一个新城区的发展,从而改变粤东城市群的空间结构(图6-5)。特别是在高铁枢纽与机场枢纽之间规划建设的粤东CBD,一定会带动粤东经济的转型升级和城市群空间的重筑。这将是空铁枢纽给粤东城市群带来的一次新的发展机遇。

新的粤东城市群向西通过揭阳对接蓬勃发展的大湾区,向东北直连海西经济区、对接长三角,向南是汕头港,可以面向世界,接下来就该发展自己的产业经济,强化自己的大脑(CBD)了。

因此,粤东城市群中央新城的规划建设已经箭在弦上了。

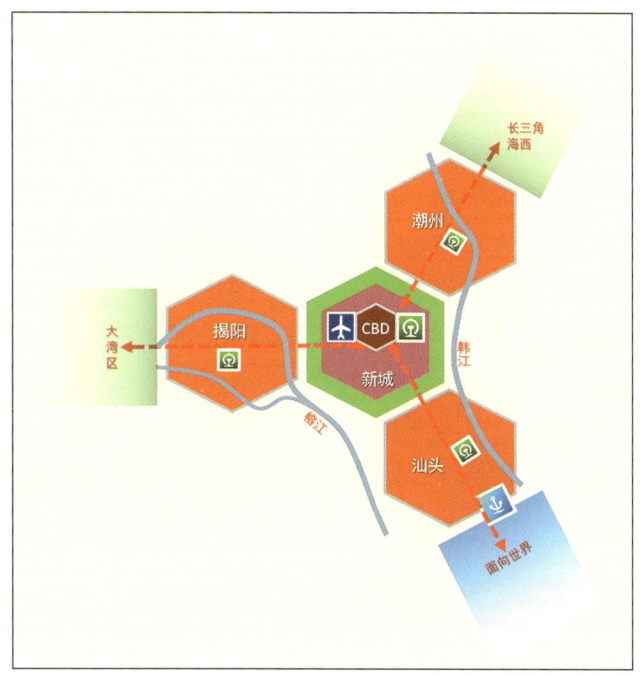

> 图 6-5 粤东城市群的空间结构规划

在过去40年的改革开放中,揭阳、潮州、汕头既取得了许多辉煌的成就,也失去了一些难得的机遇。现在又到了该打好行囊再出发的时候了。

揭阳、潮州、汕头必须团结一致,攥紧拳头,共建中央城区、中央商务区。现在可以起用"粤东城市群"这个共同的名字了!

6.3 高铁上的长三角机场群与城市群

长三角城市群是我国城市化及城镇化程度、经济发展水平及开放程度最高、创新能力最强的地区之一,将成长为具有全球影响力的世界级城市群。

2018年1月长三角地区(沪苏浙皖)主要领导举行座谈会,就建设长三角城市群、深化区域合作机制等议题进行了深入讨论,签署了交通、能源、科技等10个专题合作的一揽子协议,其中就有《关于共同推进长三角地区民航协同发展努力打造长三角世界级机场群合作协议》。根据该《协议》,"各方将要以提升上海国际航空枢纽功能和国际竞争力为引领,充分发挥各种交通方式的比较优势和协同作用,推动区域内各机场的合理分工定位、差异化经营,加快形成良性竞争、错位发展的发展格局,构建分工更明确、功能更齐全、合作更紧密、联通更顺畅、运行更高效的机场体系,实现到2030年建成世界一流城市群和世界级机场群的目标。"

为实现长三角城市群和机场群间的协调发展、协同运营、互补共赢,铁路网的规划建设至关重要。长三角机场群的协调发展很大程度上取决于机场间高效、便捷、绿色、环保的铁路连接,取决于机场航站楼与铁路车站的高效衔接。这种高效衔接具有十分重要的作用,它能够在更大范围、更高层次上满足旅客的便捷出行对陆空综合运输体系的融合要求,促进区域社会经济的一体化,推动长三角城市群对外开放,对接"一带一路"国家倡议,并迅速地使长三角城市群成长为具有全球影响力的世界级城市群。

现在,长三角已有多个空铁枢纽投入运营或正在规划建设之中,网络的关键性项目均已启动。长三角区域空铁枢纽网络已现雏形,开始牵引长三角城市群一体化的发展。

6.3.1　上海虹桥枢纽撬动了长三角一体化

从长三角的角度来看,虹桥综合交通枢纽的建成投运,彻底改变了长三角交通网络的结构,使沪宁、沪杭以及沪湖宣三个交通走廊完美地结合在一起,并形成了便捷的换乘枢纽,大大推动了长三角交通基础设施的一体化发展,奠定了虹桥枢纽作为长三角CBD的基础。由于交通基础设施的一体化是区域城镇一体化、经济一体化的基础,因此虹桥综合交通枢纽实际上撬动了长三角城市体系的再筑。在经济社会一体化方面,虹桥综合交通枢纽撬动了长三角的"跨界合作""同城化"和"区域经济的强劲增长"。

首先,虹桥综合交通枢纽撬动了长三角跨界合作平台的建设。围绕虹桥国际中央商务区的大交通、大会展、大商务三大核心功能,依托国家会展中心、中国国际进口博览会等软硬件设施,虹桥商务区(图6-6)在常年展示交易服务平台、虹桥国际商务人才港、长三角民营企业总部服务中心、全球数字贸易港、联合国亚洲采购中心、国际商事争端预防与解决组织等的建设与引进方面均取得了重要突破。在支持浙江、江苏、安徽等省在虹桥国际中央商务区设立"创新飞地"的同时,虹桥国际中央商务区也成为上海市内"创新飞地"最为集中的区域之一,不仅帮助长三角其他城市享受到了上海丰富的高端科创资源和人才资源,还帮助上海发挥了辐射作用,扩大了腹地范围,有力地推动了长三角跨行政区域"政产学研用"的一体化进程。

> 图 6-6 虹桥商务区及虹桥综合交通枢纽的夜景

其次,虹桥综合交通枢纽在撬动长三角同城化方面成绩斐然。《2021长三角城市跨城通勤年度报告》显示,昆山、太仓、苏州城区是流入上海通勤者的主要来源,分别占流入上海通勤者总量的 72.4%、14.2% 和 5.3%;昆山、太仓还是上海流出通勤者的主要目的地,其流出量分别占总量的 64.0% 和 15.6%。其中虹桥国际中央商务区跨城通勤群体的居住地主要分布在花桥、苏州城区、昆山城区、太仓城区等,特别是花桥占比超过一半。可见,在虹桥综合交通枢纽的撬动下,虹桥国际开放枢纽已经成为长三角同城化的先行者与示范者。

最后,虹桥综合交通枢纽还撬动了长三角区域经济的强劲增长。从 2021 年数据来看,虹桥国际中央商务区所在的上海长宁、闵行、青浦、嘉定四区合计完成地区生产总值 8 576 亿元,同比增长 9.8%,高于上海全市平均水平 1.7 个百分点。虹桥南向拓展带(图 6-7)上的上海松江、金山和浙江嘉兴的平湖、南湖、海盐、海宁,完成地区生产总值 6 179 亿元,同比增长 11.4%。虹桥北向拓展带上的江苏苏州的昆山、太仓、相城、苏州工业园区完成地区生产总值 10 598 亿元,同比增长 11.9%,高于苏州全市平均水平 3.2 个百分点。长三角地区经济增长之所以如此强劲,虹桥综合交通枢纽的撬动作用是功不可没的。

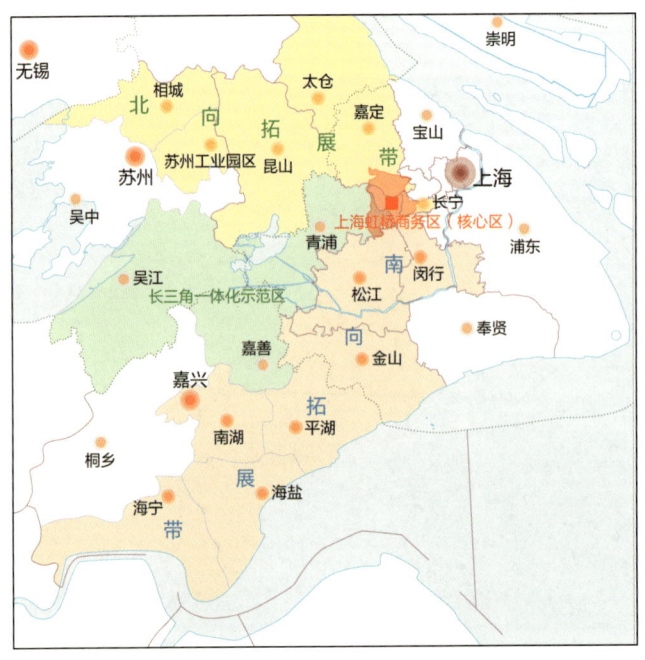

> 图6-7 虹桥国际开放枢纽的"一核两带"功能布局

总之,虹桥综合交通枢纽撬动了长三角经济社会的一次升级和爆发,获得了国内外的广泛好评,完美提升了项目自身的价值。未来,随着"打造长三角经济增长'极中极'、联通国际国内市场'彩虹桥'的虹桥国际开放枢纽"的建设,虹桥综合交通枢纽将发挥更加出色的"支点"作用!

6.3.2 江苏南通新机场与上海机场的一体化

南通也是长三角核心区的组成部分,而且拥有可观的人口基数、相当规模的经济总量,常住人口和地区生产总值排名均位居江苏省第四位。但是,与周边主要城市相比,南通的航空"人均出行率"明显偏低,仅为全国平均水平的30%左右,旅客吞吐量在长三角地区13座机场中仅排第9位。其实南通位于长三角航空市场核心区域,能够有效辐射苏南、苏北地区,拥有5 000万~6 000万人次的远期年度旅客吞吐量,具备国际开放口岸资质,特别是拥有比长江以南地区更好的空域资源,这些条件为南通新机场的发展创造了条件。但是,南通新机场要将美好的规划变为现实,还需要补齐自己的短板,特别是要成为"上海第三机场",就必须实现与上海两座机场快速、可靠、大运量的有效连接(图6-8)。

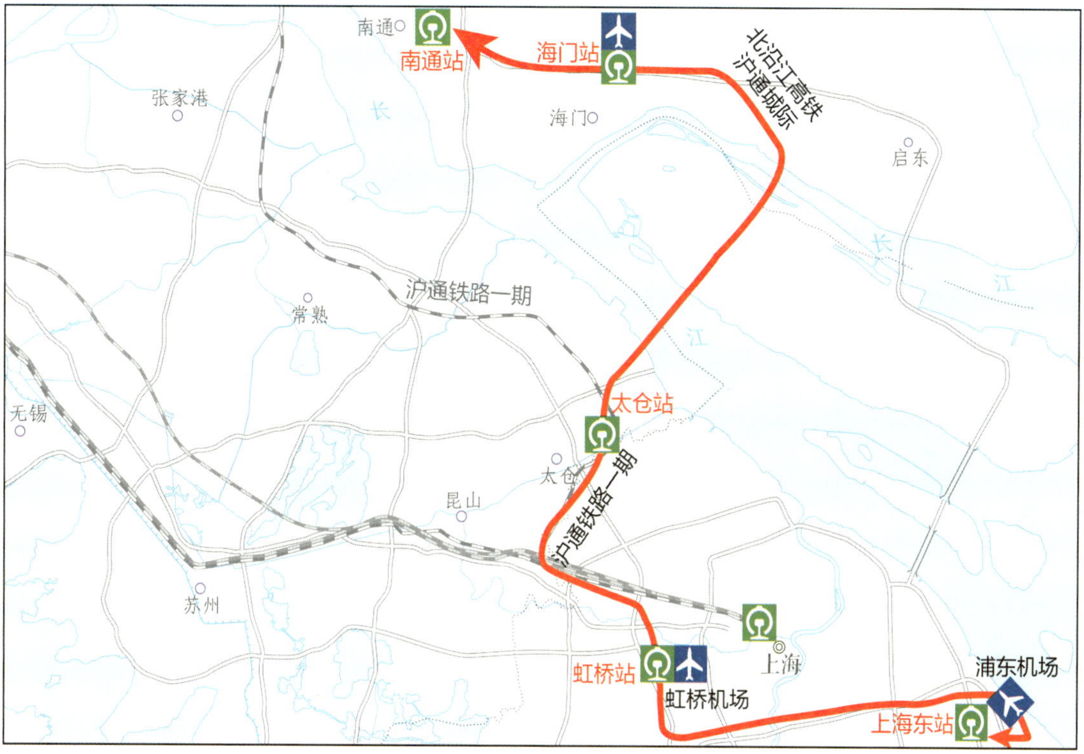

> 图6-8 南通新机场与上海机场快线对接

2022年9月28日，北沿江高铁开工建设，其在启东、崇明过江后即在太仓枢纽与南沿江高铁交汇，之后它可以沿江去往浦东国际机场方向，也可以利用已有的铁路通道快速地去往虹桥综合交通枢纽。也就是说，待北沿江高铁开通运营后，实际上开通浦东机场、虹桥机场、南通新机场之间机场快线的可能性就具备了，当然还需要补充做一些工程技术层面的工作。但是最关键的是要让已经选址在海门的南通新机场，规划建设成为一个便捷高效的空铁换乘枢纽(图6-9)，这方面是有非常具体的项目策划和提案的。在这个空铁枢纽的规划中，除了北沿江高铁之外，还有市域铁路、沿海铁路、京沪第二高速铁路，以及两条城市轨道交通等各种交通方式都将被集成在一起。

> 图 6-9 南通新机场的空铁枢纽意象

6.3.3 杭州萧山机场与上海机场的一体化

当前,位于浦东国际机场西侧的上海东站、虹桥与浦东机场间的机场铁路快线、萧山机场新航站楼、高铁萧山机场站、沪乍杭铁路,以及沿海的京沪第二高铁等重大交通基础设施项目均已启动前期工作,有的项目已经开工。只要对现有的规划设计做适当的线路调整和改造,即可实现浦东机场与萧山机场间的快速铁路连接。因此,我们在2017年建议打通上海东站经金山站、海宁站、桐乡站、江东站、萧山机场站,至杭州南站的快速铁路通道(图6-10)。如今这一建议已经得到实施,上海浦东机场与杭州机场间的快速铁路连接有望很快实现。

萧浦快线一旦打通,杭州南站—上海东站(浦东机场)间的直通列车就可开行。现在,高铁萧山机场站已经与机场航站楼一体化了(图6-11),上海东站也将具备浦东机场航站楼的远程值机功能。杭州方面的列车始发、终到站可设为杭州南站,萧山机场高铁站可作为中间站办理客运作业,从而实现萧山、浦东两座机场的直通列车连接,并能承担沪乍杭通道范围内旅客与两座机场间中转的客运需求,2022年完成扩建的萧山机场已经为此做好了一切准备。杭州南站及其南来的列车可经杭州机场站、江东枢纽,在桐乡站折返。当然,还可以有其他一些不同的运行方案。

第 6 章 空铁视角下的城市群空间规划

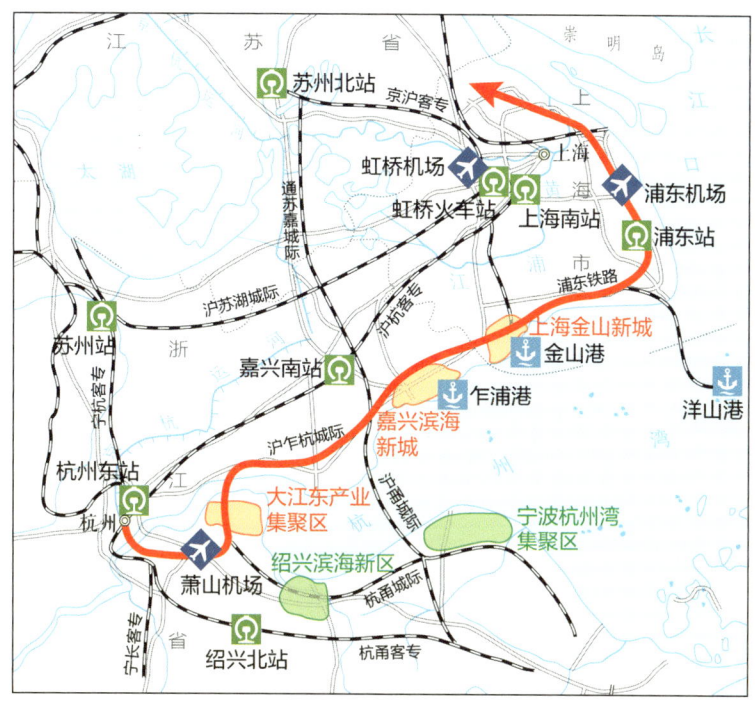

> 图 6-10 萧浦快线铁路规划设想

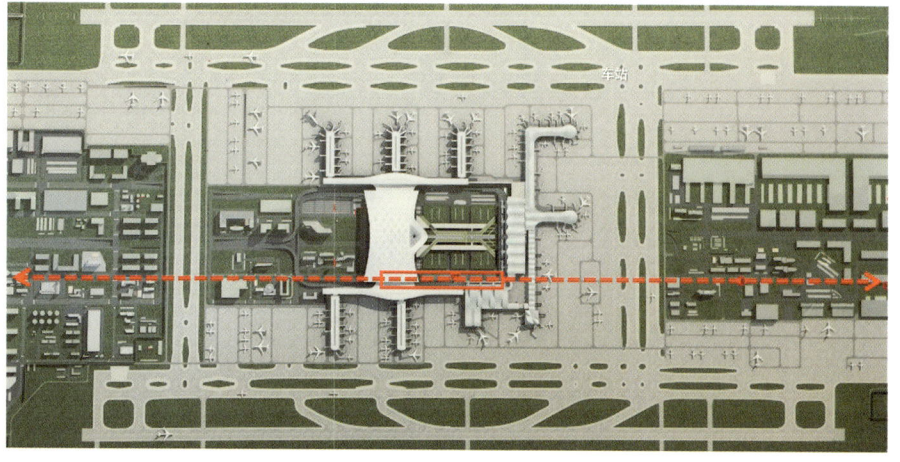

> 图 6-11 杭州萧山机场航站楼与铁路车站

通过这些线路，浦东机场与萧山机场间就可以实现一小时之内直达。当然，杭州中心城区的旅客通过沪杭高铁在虹桥综合交通枢纽转机场快线到浦东国际机场也是很方便的。

6.3.4 空铁视角下的长三角城市群

综上所述，以浦东机场、萧山机场、虹桥机场、南通机场为主体的长三角多机场体系将会形成，并将得到快速的发展。同时，这会进一步促进长三角城市群和区域铁路网络的完善，航空与铁路的一体化就会进一步加强（图6-12）。因此，尽快开通浦东机场与萧山机场间的快速铁路线就显得非常必要和意义重大。因为，它是促进长三角城市群一体化发展的需要；它是长三角地区构建"组合航空枢纽"的需要；它是提升长三角机场群整体运输能力和可靠性的需要，通过铁路连接，可发掘市场潜力，提升各机场与周边机场的协调应急能力；它是实现机场间协同运营、满足机场间相互备降及旅客转场的现实需要，铁路连接机场后，可大幅提高机场备降航班的服务水平。

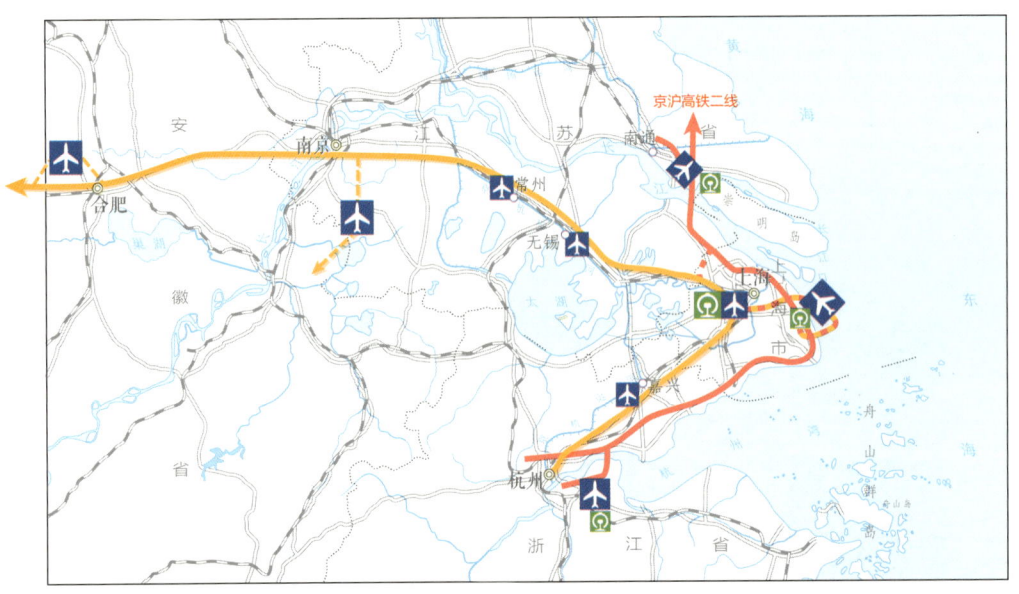

> 图6-12 长三角的空铁枢纽群规划

在长三角的区域空间结构规划中，已经开通运营的沪杭高铁、沪宁高铁，正在规划建设的沪湖宣高铁、南沿江高铁、北沿江高铁、沪通铁路、萧浦铁路等，使整个区域的空间结构越来越明确了。在传统的宁沪杭区域发展轴上，有合肥机场、南京机场、常州机场、无锡机场、虹桥机场、嘉兴机场和萧山机场，现在沿江沿海的有扬州机场、南通机场、浦东机场、萧山机场、宁波机场、盐城机场、台州机场、温州机场等,由于沿江沿海铁路的修建也被串联在一起,从而进一步强化了沿江沿海城市发展轴。这两条发展轴又由上海东西向城市发展轴联系在一起(图6-13),因为长三角的机场都不同程度地对接了高铁系统,都已经或即将成为不同程度的空铁枢纽。所以铁轨上的长三角机场群和城市群就等于乘上了飞驰的列车。实际上,长三角的空铁枢纽群正改变着长三角的时空概念。毫无疑问,长三角的能级还将得到进一步的提升。

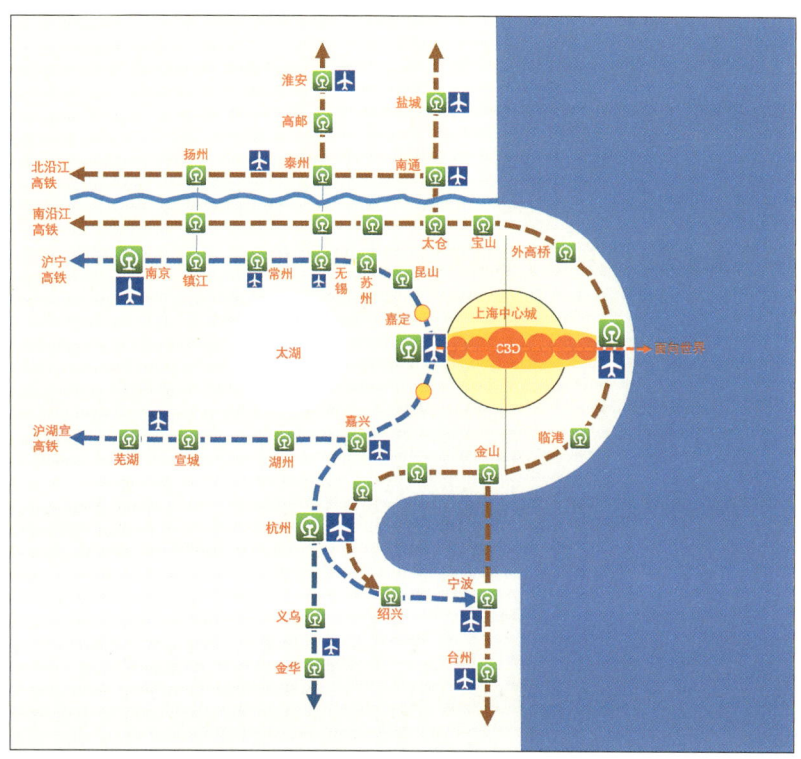

> 图 6-13 空铁视角下的上海与长三角空间结构

6.4 空铁枢纽与城市群一体化

空铁枢纽对不同的城市群可以有不同的作用,在不同的区域环境和不同的时间发挥的作用也不一样。怎样因地制宜、因时制宜地让高铁枢纽与机场航站区走到一起,并规划设计好每一个空铁枢纽,然后再用这些空铁枢纽来构造城市群的空间结构,来集聚枢纽产业或拓展枢纽产业链,是每一个城市规划师和交通规划师都必须认真研究的。交通规划师要有城市群规划的理念,城市规划师要有枢纽运营的知识。一旦处理不好,这些高能级的枢纽就会给城市群建设带来巨大的冲击和混乱。

6.4.1 空铁视角下的乌吐一体化

乌鲁木齐是新疆维吾尔自治区首府,是中国西北地区重要的中心城市和面向中亚西亚的国际商贸中心。全市总面积为1.38万km^2,常住人口为407万人,2021年实现地区生产总值3 691.57亿元。乌鲁木齐地处天山山脉中段北麓、准噶尔盆地南缘,毗邻中亚各国,是新疆的交通中心,是亚欧大陆桥中国西部的桥头堡和中国向西开放的重要门户。

乌鲁木齐市区三面环山,北部平原开阔,是典型的"喇叭口"地形,地势由东南向西北降低,机场位于市区的西北郊,该地的海拔高度比市区低了260.5 m,使得机场区域的地形呈独特的低洼的"碗底"状。这就好似盆地地区,极易形成逆温层,导致乌鲁木齐机场呈现出极强的"局地性"特征。这种地形造成了乌鲁木齐机场的自然性短板。乌鲁木齐国际机场是中国重要的门户型枢纽机场,其飞行区等级为4E,截至2022年12月,有1条跑道、3座航站楼,总面积为18.5万m^2,货运库面积为6万m^2,停机位93个,廊桥34座。2019年共完成旅客吞吐量2 396万人次,货邮吞吐量17万t,飞行起降18万架次。新一轮乌鲁木齐机场改扩建工程已于2019年10月开工建设,根据规划,将新建2条跑道、50万m^2北区航站楼、9.3万m^2综合交通中心及配套设施等(图6-14)。项目建成后,机场飞行区等级将达4F,新扩建部分可满足年旅客吞吐量4 800万人次、货邮吞吐量55万t的使用需求。

> **图6-14** 乌鲁木齐机场总体规划效果图

乌鲁木齐机场周边的临空经济区规划面积达 135.6 km²（图 6-15），规划构建亚欧开放合作格局，引领西北地区的创新驱动，推进新疆社会经济的高质量发展，示范乌鲁木齐生产、生活、生态融合发展的新模式，打造丝路智慧航空港、产业创新生态城。近期将加快乌鲁木齐机场基础设施建设，大力推进枢纽体系，并且加速机场功能性产业组团、航空物流组团的功能培育，推动临空高新技术产业的转型升级。远期将全面推进临空区建设，在贸易的国际联通、产业的高端集聚、空间的融合发展、体制机制的革新等方面取得实质性突破。临空产业将紧扣科技含量高、附加值大、重量轻、体积小、时效性、鲜活性等特点，按照临空产业类型多元、高新高端产业主导、产业链适度延伸的原则，发挥丝路桥头堡效应，耦合周边区域产业发展的总体布局，提升临空产业本地根植性，形成临空区产业指导名录。

> 图 6-15　乌鲁木齐临空经济区规划效果图

吐鲁番位于天山东部一个东西横置的橄榄状山间盆地，四面环山，属于典型的大陆性暖温带荒漠气候。全市总面积约 7 万 km²，常住人口约为 70 万人，2020 年完成生产总值 373.41 亿元。

2015 年，笔者的团队接下"乌鲁木齐机场与吐鲁番机场一体化运营"课题的时候，我的第一反应就是两地距离这么远（中间隔着天山东脉），乌吐两座城市的一体化发展战略不会只是说说而已吧？然而，当深入了解之后，我们的认识很快就改变了。的确，两座城市相距约 165 km，中间还隔着天山东脉。但大自然在山脉中开了一个山口，现在高速公路、兰新高铁从山口穿过而联系两市，两站之间只需要 30～45 min。非常有意思的是，虽然两市相距很近，但由于被天山东脉所隔，气象条件很不一样。特别是到了冬季，乌鲁木齐风雪、大雾频现，机场被迫关闭之时，吐鲁番则年平均气温为 11～23℃，常年晴空无云。这使吐鲁番机场过去成为乌鲁木齐机场的最佳备降机场。

吐鲁番机场位于吐鲁番市西北郊，东南距吐鲁番市中心约 10 km，也为 4E 级机场，是乌鲁木齐国际机场的备降机场，也被称为乌鲁木齐国际航空枢纽第二机场。我们做课题时，吐鲁番机场航站楼面积为 5 300 m²，站坪有 16 个机位，可满足年旅客吞吐量 40 万人次、货运吞吐量 1 300 t、飞机起降 5 831 架次的使用需求。2015 年，我们开始吐鲁番机场规划研究的时候，提出了抓住乌鲁木齐机场设施容量饱和，还没有开始扩建这一历史性机遇，立刻启动吐鲁番机场的规划扩建工作，争取比乌鲁木齐机场扩建工程提前几年投入运营，为乌鲁木齐机场减轻压力，也成就吐鲁番机场的发展壮大，进而成就乌吐一体化发展战略。为此，我们为吐鲁番机场编制了一个 2 条近距跑道、年处理 1 000 万～2 000 万旅客量、100 万 t 货物的机场总体规划，并提出了航站楼与高铁车站完全一体化的概念设计方案(图 6-16)。

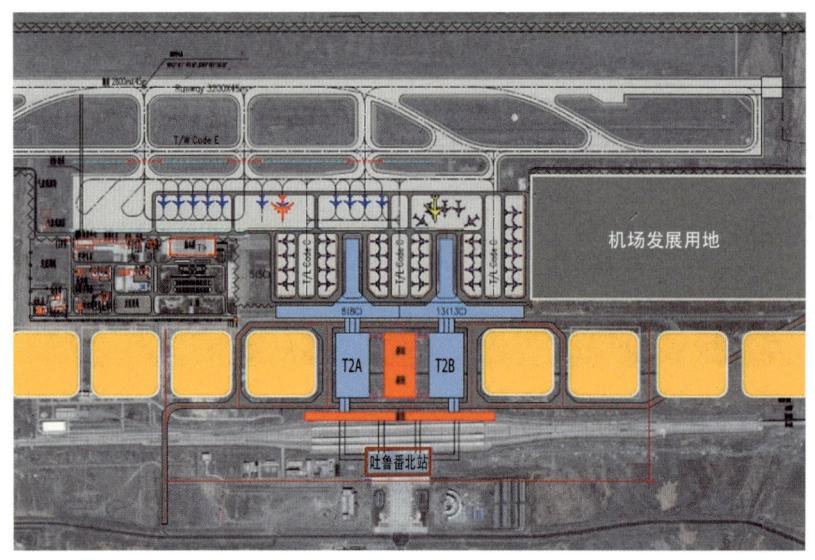

> 图 6-16　吐鲁番机场总体规划图

吐鲁番机场非常幸运，已经运营的兰新高铁在机场航站楼门前 300 多米处设有车站，该车站与乌鲁木齐中心城的高铁车站之间能够快速直达。这不仅为我们规划建设一个换乘便捷的空铁枢纽奠定了基础，而且使这条高速铁路成为乌吐机场一体化运营最重要的基础设施。

吐鲁番经济开发区临空产业园位于吐鲁番机场的南侧，距市中心约 10 km。临空产业园北起兰新高铁,南至G312国道,西起芙蓉路,东至迎宾大道,规划总面积约14 km²。产业园以临空文旅区为核心发展区,在其周边优化空间布局,调整产业功能,规划布置了高铁南部服务区(含商贸、旅游、康养、生活等设施)、农产品加工产业园(含农产品深加工、装备制造、新能源等)、航空物流园(含航空关联产业孵化基地、冷链物流、航空保税、拆封包装、航空关联设备的维修研发和制造等)(图6-17)。

> 图6-17 吐鲁番临空经济区规划图

吐鲁番的交通地理位置非常优越,自古就是三疆客货的集散地,是乌鲁木齐的门户,是新丝绸之路和亚欧大陆桥的重要交通枢纽。兰新铁路、南疆铁路在这里交汇,与吐鲁番机场、G30高速公路形成了"铁路、航空、公路"为一体的立体交通运输体系。另外,西气东输一二三线、亚欧光缆、第二条出疆光缆、西电东送750 kV输变电线路横贯全境。

兰新高铁还将向克拉玛依方向延伸,与乌鲁木齐机场扩建工程同步,从乌鲁木齐高铁车站到机场的这一段铁路线已经与机场扩建工程同步实施,很快就将与扩建工程同步开通运营。两大空铁枢纽开通运营以后,往来于两座城市或两座机场之间的交通便捷度将彻底改观,乌吐市民的时空观和区域空间结构都会彻底改变,两机场的一体化和两市的一体化都将成为现实,甚至冬季与夏季的"一体化"也将来到人间。我甚至觉得乌鲁木齐市民可以冬天居住在吐鲁番,而不必去温暖的南方。

乌吐一体化的城市空间结构可以认为是一个哑铃状的空间布局(图 6-18)。乌鲁木齐一端有完备的空铁枢纽,面向东欧和中亚、西亚,对接丝绸之路经济带;吐鲁番一端的空铁枢纽则南接南亚和海上丝绸之路,东向对接兰州、西安及国内各大枢纽。天山东脉则成为两市各扬其长、错位发展、拒绝同构与恶性竞争的天然屏障与自然平台。这是大自然的馈赠!

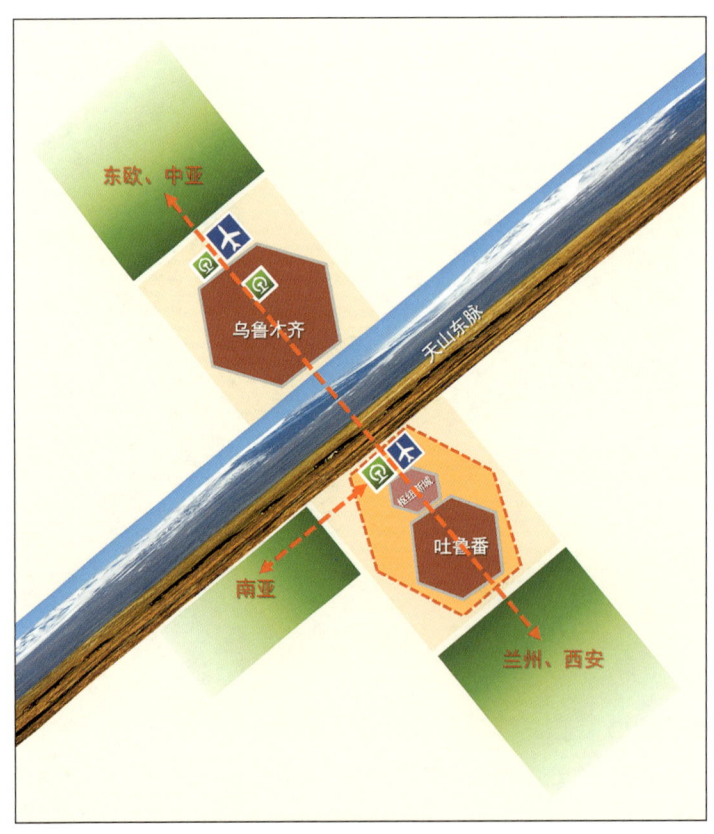

> 图 6-18　空铁视角下的乌吐一体化

6.4.2　京津冀北的机场群与城市群

京津冀北地区是中国的"首都经济圈",这里所说的京津冀北城市群包括北京、天津两大直辖市,以及河北的雄安、保定、唐山、廊坊、秦皇岛等。京津冀北地区地缘相接、人缘相亲、地域一体、文化一脉,历史渊源深厚、交往半径相宜,完全应该资源共享、相互融合、协同发展。京津冀北又是环渤海地区的心脏地带,是中国北方经济规模最大、经济最具活力的城市群地区。

京津冀北地区的区域规划是众多学者给予巨大关注的热点研究课题,如何让京津冀北地区摆脱一极化发展,一直是大家苦苦探索的目标。京津冀北的机场群规划只是上述大课题中的一个子课题,但是若这些机场顺应时代潮流与高铁车站结合,形成便捷高效的空铁枢纽,那么在轨道上的京津冀北机场群将如虎添翼,从而强有力地影响京津冀北的城市群规划建设(图6-19),成就真正的世界级都市圈。这其中北京大兴国际机场所处的位置非常关键。

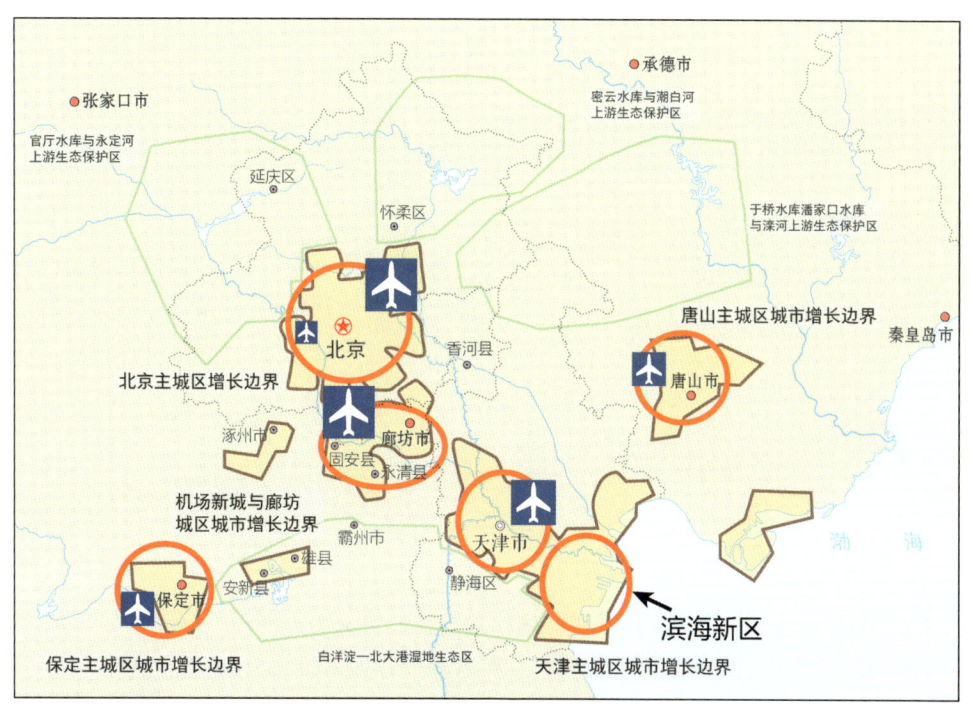

> 图6-19 京津冀北的城市群与机场群

北京大兴国际机场作为京津冀的门户型交通枢纽,在京津冀北地区的规划建设中处于非常核心的位置。它的规划建设是重筑京津冀北空间结构的重大机遇,我们有必要给予它一个科学的定位。虽然学者们的规划建议会有各种不同,但是我认为以下几点应该是没有太大争议的:大兴机场是一个规模宏大的空铁枢纽;是京津冀北的门户型交通枢纽;是京津冀北城际铁路网中最重要的节点之一;是京津冀北最核心的枢纽机场之一。我们可以用这几条去指导、审查这个门户型交通枢纽的规划建设和运营管理,看看它是否能够发挥其应有的作用。

现在京津冀地区已经有了多座机场(表6-1),它们都会被规划建设成为不同形式的门户型交通枢纽。它们各自如何定位,在京津冀北城市群中应该形成什么样的机场群和门户枢纽群,正在蓬勃建设中的高速铁路及其车站与京津冀北的机场和城市又应该是什么样的关系?这都是我们必须回答的问题。但无论如何,要解决京津冀北地区每年3亿人次以上航空旅客的运输和城市门户枢纽的问题,仅靠两三座枢纽机场来完成肯定是不合理的,一定是要依靠一个机场群,而这个机场群之间的最佳联系方式就是京津冀北的铁路网。所以在京津冀北地区我们应该积极推动铁路与民航的对接,努力规划建设一批形式多样的"空铁枢纽"。

表6-1 京津冀北部分机场规划情况

序号	机场名称	规划容量(万人次/年)	规划跑道数(条)
1	首都机场	10 000	5
2	大兴机场	>10 000	6
3	天津机场	>6 000	3
4	雄安机场	>2 000	2
5	唐山机场	2 000	1
6	西郊机场	1 000	1
7	秦皇岛机场	1 000	1
	合计	>32 000	19

当下,京津冀北的空间结构怎样规划建设还是一个大家正在研究中的课题,通过加强联系、整合资源来推动京津冀的一体化是总的目标。为了早日实现城市群一体化的目标,我们首先应该做的就是推动京津冀交通基础设施规划建设与运营管理的一体化。在基础设施先行这个问题上大家是有共识的。

6.4.3 空铁视角下的成渝城市群

成渝城市群包括重庆、成都、自贡、泸州、德阳、绵阳、遂宁、内江、乐山、南充、眉山、宜宾、广安、达州、资阳等15个市,总面积为18.5万 km^2,常住人口为9 094万人,地区生产总值为3.76万亿元。

成渝城市群处于沿长江通道横轴和西部大通道纵轴的交汇地带,具有承东启西、连接南北的区位优势,其自然禀赋优良,综合承载力较强,交通体系比较完善。成渝城市群是西部经济基础最好、经济实力最强的区域,其电子信息、装备制造和金融等产业实力雄厚,具有较强的国际国内影响力。该区域人力资源丰富,创新创业环境较好,城乡统筹发展经验丰富,其开放型经济体系正在形成,未来发展空间和潜力巨大。

按照成渝城市群规划,该区域将整合区域资源,统筹经济发展和空间规划,保护生态环境,大力推进基础设施建设,尽快形成推动全国国土空间均衡开发、引领区域经济发展的重要增长极。在这个发展规划中,重中之重就是要发挥重庆和成都双核带动功能,打造成渝发展主轴,亦即要依托成渝北线、中线和南线综合运输通道,积极推进重庆两江新区和四川天府新区的建设,加快推动核心城市功能沿发展轴疏解,并辐射带动资阳、遂宁、内江、永川、大足、荣昌、潼南、铜梁、璧山等沿线城市加快发展,打造支撑成渝城市群发展的"脊梁"。这其中加快城际高速铁路、高速公路和沿线交通枢纽的建设,构筑发达的基础设施复合廊道是最重要的基础工作。此外要加强沿线城市产业分工协作,引导先进制造业和现代服务业在空铁枢纽地区集聚,迅速形成集群发展之势。同时还要支持沿线中心城市拓展城市空间,提高人口和产业集聚能力。

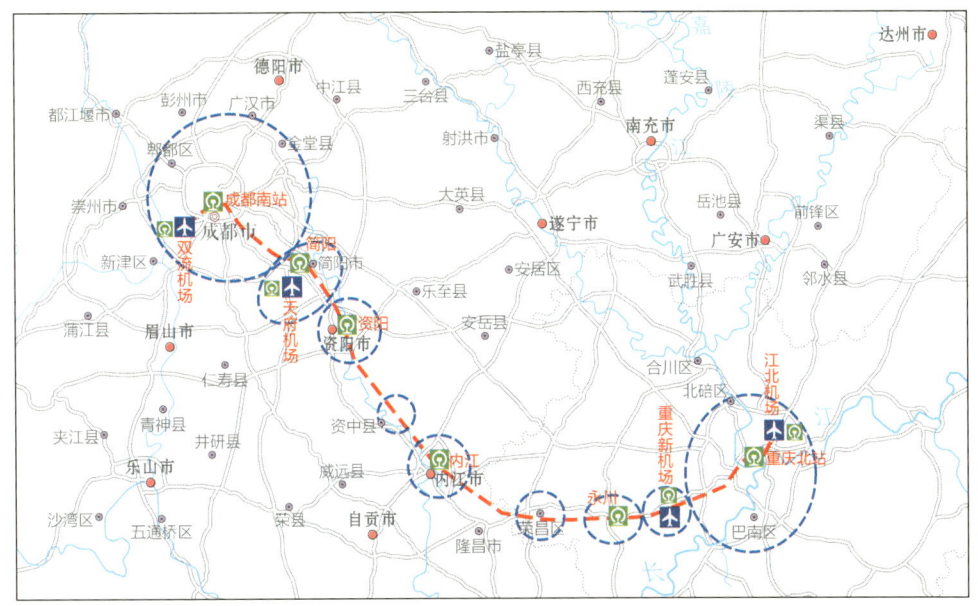

> 图 6-20 空铁视角下的成渝机场群与城市群

成渝发展轴上有重庆、成都两大核心城市,需要不断地提升它们的核心功能。要强化重庆大都市区对西部开发开放战略的支撑功能和作为长江经济带西部中心枢纽的载体功能。要充分发挥长江上游地区经济中心、金融中心、商贸物流中心、科技创新中心、航运中心的作用,加快两江新区建设,全面增强集聚力、辐射力和竞争力。要根据山地特色合理控制建筑物高度,提升现代化国际大都市形象。要以主城区为核心,以新机场规划建设为契机,推进城市的西向发展,加速永川、荣昌的空间拓展和产业升级,带动四川毗邻城市的发展,构筑具有国际影响力的现代化大都市区。

在成渝城市群中成都主城规模最大,要以建设国家中心城市为目标,增强成都作为成渝发展轴西部地区经济中心、科技中心、文创中心、对外交往中心和综合交通枢纽的功能,加快天府新区和国家自主创新示范区建设。要完善对外开放平台,提升参与国际合作竞争层次。要充分发挥成都的核心带动作用,加快与资阳、内江等成渝发展轴上城市的同城化进程,共同打造带动川渝、辐射西南、具有国际影响力的现代化城市群(图6-21)。

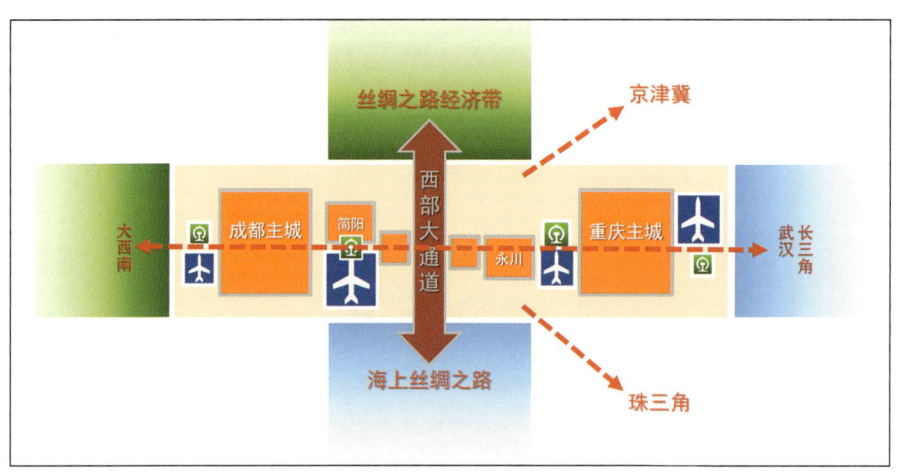

> 图 6-21 空铁视角下的成渝城市群空间结构

2015年12月26日,成渝高速铁路开通运营,成渝发展轴上的城市发展驶入了快车道。2021年6月27日,成都天府国际机场正式通航,这座位于成渝发展轴上的国际机场一次就建成了3条跑道、2座航站楼、210个机位,可满足年旅客吞吐量6 000万人次、货邮吞吐量130万t的使用需求。在这条发展轴上还有正在运营的双流国际机场、永川通用机场,正在扩建的重庆江北国际机场和正在选址、规划的重庆第二机场。所有这些机场都将形成不同形式的空铁枢纽,这将强有力地推进成渝城市群的一体化。

本章小结

在区域规划中,门户型交通枢纽也是规划建设的一个重要抓手。城际交通设施的一体化是城市群走向一体化的基础和平台,而门户型交通枢纽是这个基础和平台的关键节点及发展契机。

我们这个时代,空铁枢纽在大都会地区的区域规划中,是区域空间重筑最有用的工具。我们一定要高度关注空铁枢纽群,关注它们所形成的空铁枢纽网络。铁路上的机场群和城市群,将会彻底改变城市群的空间结构,很有可能这就是中国未来世界级都市圈的第一特征。

第 7 章
海铁空视角下的城市空间规划

7.1 概述

机场、港口、铁路枢纽,这些就是我们常见的门户型交通枢纽。它们的选址和布局受自然条件和诸多技术要求的限制,往往不以城市规划师的意志为转移。但一旦选址确定以后,根据这些门户型交通枢纽设施的功能定位和规模预测,怎样规划城市空间,怎样发挥这些门户型交通枢纽的牵引力,带动城市经济社会的发展,就是城市规划师的工作了。就像打桥牌,抓到什么样的牌也许靠运气,但如何打得精彩就是你的水平问题了,从来没有高手会抱怨牌不好。

以海铁空的视角来看,城市总是在机场、港口、铁路枢纽之间发展、繁荣起来的,它们对周边产业的带动都有各自的特点和发展规律。如果我们掌握了这些特点和规律,就能够做到事半功倍,既借力这些门户型交通枢纽来推动城市空间更新重筑和拓展,又同时促进这些枢纽设施的能力提升和可持续发展。

7.2 双港驱动、海口腾飞

我们在做海口交通规划课题的时候发现,海南省政府是很有远见的,在大多数陆地城市还不知道高铁是怎么回事的时候,海南省政府已经做成了环岛高铁,为海南走公交优先的交通发展之路奠定了坚实的基础。现在海南又加快了民航机场的规划建设。这为我们规划建设新的交通模式打下了非常有利的基础。

与一般陆地城市比较起来,海南的优势就在于它是一个岛。海南岛进出岛的方式,一个是从海上进出,一个是从天上进出。一旦做好了机场和港口这两个门户型交通枢纽的基础设施建设,城市对外交通就完全可控了,就能够管控岛内对外交通的风险。现在岛内已经有了环岛高铁、环岛高速,为岛内城市与城市之间提供了公交优先的条件。如果继续按照这样的思路发展下去,接下来需要在每一个海港、空港、高铁车站都对接好城市各自的公共交通网络。

海口的城市总体规划采用组团式带状布局,这种城市空间结构是很适合发展公交体系的。如果把东西两个门户型交通枢纽做好,公交优先做到位,就可能会闯出一条不同于陆地城市的交通发展道路。因此我们建议海口要"开启双枢纽驱动的城市发展新时代"。

7.2.1 海口的空铁枢纽

海口美兰国际机场位于海南省海口市中心东南方向18 km处,为4F级民用运输机场,是中国重要的干线机场之一,它于 1999 年 5 月 25 日正式通航,是国内首家拥有离岛免税店的机场。海口美兰国际机场占地面积为 1 140 hm², 拥有 2 条跑道,航站楼总规模近 45 万 m², 停机位有 139 个,已开通航线 235 条,其中国内航线 225 条,通航城市共 122 个,2021 年旅客吞吐量排名位居全国第 16 位。海口美兰国际机场规划有 4 条跑道(3 条独立进近)、未来可以具备年处理 1 亿人次旅客量和 250 万 t 货物的能力。

现在的海口美兰国际机场已经有环岛高铁通过,航站楼前设有高铁车站,是国内较早规划建设空铁枢纽的机场。但是,美兰机场的空铁枢纽(图 7-1)还不能说是一个高水平的空铁枢纽,还需要根据城市总体规划和周边开发的要求,在两座航站楼之间优化出一个更加高效便捷、一体化、可持续的交通换乘枢纽设施与商业服务设施的综合体,并带动海口市临空经济的发展,展示城市的门户形象。

> 图 7-1　海口美兰机场空铁枢纽设施

在海口美兰机场,航空枢纽与高铁车站形成的空铁枢纽本身,会带来明显的产业集聚和经济发展,而且在这里集聚的不是传统的制造业,而是以商业服务业为主体的商务商贸产业设施。荷兰阿姆斯特丹机场的旅客航站楼门前就是世界 500 强企业集聚的商务区,其商务区建筑与航站楼完全融为一体,商务区内办公楼里有航站楼的功能,航站楼里有商务商业功能。按照海口临空经济区规划(图 7-2),海口机场可以带动四大临空产业链的发展,形成四大产业园区:一是以航站楼为源头,汇集人流、信息流、资金流,以现代服务业为主,加上部分高端制造业,形成商务设施集聚的商务旅游园区;二是以货运站为龙头,在其货运区附近的关联地区,形成物流与智造设施集聚的物流产业园和自由贸易园;三是以飞机维护与保障设施为龙头,以航空特殊服务为基础,相关维护维修、机上用品保障制造和专机、包机、公务机、通用航空等服务设施集聚形成的航空产业园区。四是为民航产业链上的人口服务的生活设施集聚区。

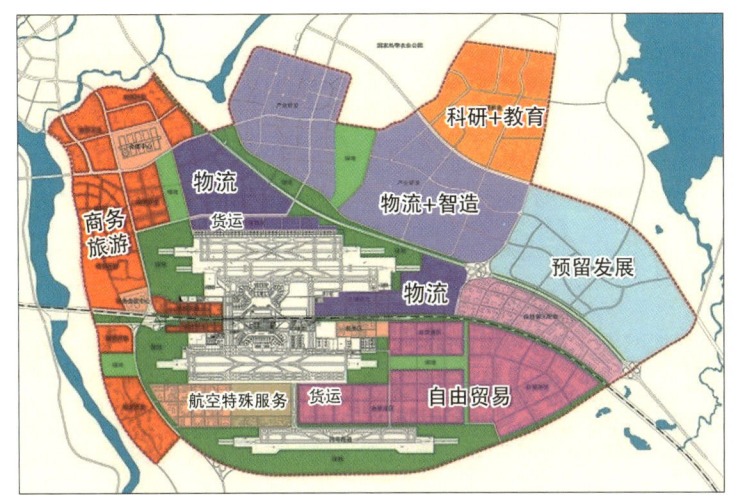

> **图 7-2** 海口临空经济区规划

具体来说,海口机场临空经济区的空间规划应该以美兰机场为核心,形成"西联、北强、东延、南拓"的空间发展格局。"西联"即向西沿城市干道发展高端商贸加旅游产业,与江东组团连接、一体化发展,推进港产城融合;"北强"是指北侧地区具备紧邻机场的高价值区位优势,应对现有产业园区、开发用地加以整合,强化航空加物流,以及高附加值产业功能;"东延"即东部用地受净空、噪声影响较大,应设置航空物流相关产业链及自贸港区,并为未来打造产业发展走廊预留相关产业延伸发展的用地;"南拓"是为了适应美兰机场未来发展需要,南部用地作为航站区及临空产业的中期发展用地,未来与东部地块形成产业互动。

7.2.2 海口的海铁枢纽

再把目光转向新海港区这边。按照海口市城市总体规划,这个地区规划了一条地铁、一个港口,还有环岛高铁的海口站。未来从陆地过来的旅客和各种机动车辆,甚至铁路交通都会集聚到这个新海港区来。

2017年，在海口市的最西端，长流组团的西部，环岛高铁海口车站已经投入运营。我们发现在该车站以西是一块空地和闲置的海岸线，于是建议把海口与湛江之间轮渡的客运码头选址于此，并将码头与环岛高铁的海口车站整合在一起，规划建设一个海运与环岛高铁、高速公路，以及城市各种交通方式对接的门户型交通枢纽，希望海口能够形成西边的"海铁枢纽"与东边的"空铁枢纽"相呼应的双门户型交通枢纽的格局。进出岛的客流可以利用环岛高铁直接转移到岛内其他城市，环岛高铁同时又是两个枢纽之间非常重要的、快速连接的交通方式。

我们2018年为海口市策划的这个"海铁枢纽"是世界少见的。新海港今后将成为海口市、海南省的门户型交通枢纽，它集中了高速客船、滚装船、游轮、高铁、普铁旅游车、水上飞机等多种对外交通方式，以及城市内集散用的地铁、有轨电车、公交巴士、社会巴士、出租车、网约车、各种社会车辆等多种对内交通方式。这一海铁枢纽建成投运以后，不仅将成为海口城市交通和海南旅游发展的重要一极，而且还将带动周边地区的产业集聚，以及整个长流组团的发展，将极大地推动海口市城市空间规划的落地(图7-3)。

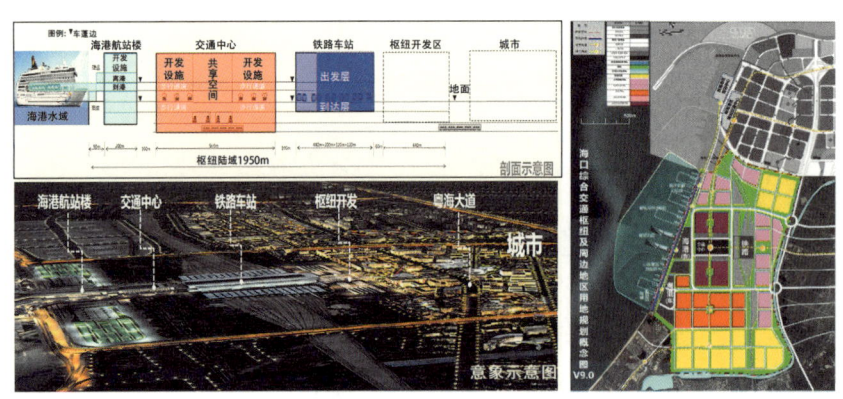

> 图7-3 海铁枢纽规划与枢纽地区开发规划

中国的高速铁路建设方兴未艾，现在的高铁车站的建设与过去不一样之处在于它也可以带动很大一片地区的经济发展，可以作为城市发展的原动力之一。很多铁路枢纽地区就是该城市最大的商务设施集聚地。

在海口这个海铁枢纽里，从海上来的旅客要能够非常便捷地与海口市内的城市交通和旅游交通对接，从而使所有旅客来得便捷、走得方便、留得舒服，不能只把交通污染留下，而人没有留下。这就要求我们在规划建设一个以公共客运为主的、海铁一体的，与高速公路、城市道路以及各种公共交通系统高效对接的综合交通枢纽的同时,还要提供有海南特色的吃住设施、商务设施、产业设施等。只有这样,才能让所有人都能够在这个地区"便捷换乘,舒适停留,高效工作"。这一海铁枢纽在达到这样的目标之后,其门前及其周边就将成为现代服务业集聚的地区,这里将成为长流组团的中央商务区(CBD),并大量集聚会展设施、商务设施、商业设施、住宿设施、贸易设施、旅游设施,等等。

7.2.3 海铁空视角下的海口城市空间结构

海口城市总体规划将其城市分为多个组团,中间是中心城,也就是旧城及其扩展区;东边是江东组团,美兰机场位于该组团;西边为长流组团,海口火车站和新海港客运码头均位于该组团内。对于这样规划的城市,规划建设一条联系两大门户型交通枢纽和各城市组团的轨道交通是非常必要的。但是按照国家有关规定,海口市并不具备建设地铁的条件。不过,我们发现绝大多数环岛高铁东线的列车在海口东站就掉头了,环岛高铁在长流、秀英、城西三站几乎是闲置的。于是我们在2018年提出了在"海铁枢纽"与"空铁枢纽"这两个门户型交通枢纽之间,利用环岛高铁的富裕运能,运营一条连接各规划组团的市域快线的建议。经过专业部门的可行性研究,海口市在2020年开通运营了这条市域铁路快线,在两个门户型交通枢纽之间实现了快速连接。未来随着市域旅客量的增加,如果这段线路上出现运能不够的问题,我们还建议在城市外围再规划一条两枢纽间的直达铁路线,并在适当的时候还建这段铁路给环岛高铁专用(图7-4中的白色实线)。

> 图 7-4 海口城市规划中的海铁枢纽与空铁枢纽"双港驱动"示意图

在海口市委市政府明确了"双港驱动"的城市发展战略,着力打造以美兰机场为依托的空港新城和以新海港为依托的临港生态新城后,海口市内东西向交通瓶颈问题就突显出来了。作为承载"双港驱动"战略的交通基础设施的规划建设迫在眉睫。于是我们又做了一个"双港快线"分三步实施的策划。第一步,通过沿用现有列车车型、区分车厢管理、延伸东环高铁列车进行市域运行,将部分列车始发和终到点由海口东站变更为海口站,并启用长流、秀英、城西三个站点,先行开通市域铁路线,尽快达到运行间隔不大于 10 min 的服务水平;第二步,考虑到市域铁路客流需求特征的特殊性,城际线与市域线混线运行从长远来看并不利于市域列车功能的发挥,远期规划将建设市域专线,与环岛高铁分线运行;第三步,在满足海口站至美兰空港站之间的城市中等距离客运需求的同时,进一步延伸服务至澄迈、文昌方向。可见"双港快线"的建设既可推动城市交通结构的优化,又可促进"海澄文"一体化发展,是对原有城市总体规划的传承与发展。

这样一来,当海铁枢纽、空铁枢纽和市域快线都建成运营以后,海空视角下的海口城市空间结构就会有很大的改观(图 7-5)。首先,空铁枢纽和海铁枢纽将成为海上丝绸之路的"桥头堡",成为国家战略的支点之一。通过这两个枢纽,我国可以实现与南海周边国家、南亚、世界的对接。其次,空铁枢纽和海铁枢纽将成为海口经济的"新引擎"。与枢纽配套的产业设施的集聚,将会带来枢纽经济的高速运转,就会带动海口经济的加速发展。再次,空铁枢纽和海铁枢纽将成为海口市的"迎客厅",它们带动的江东组团和长流组团就是海口发展的"两翼"。枢纽设施的规划建设

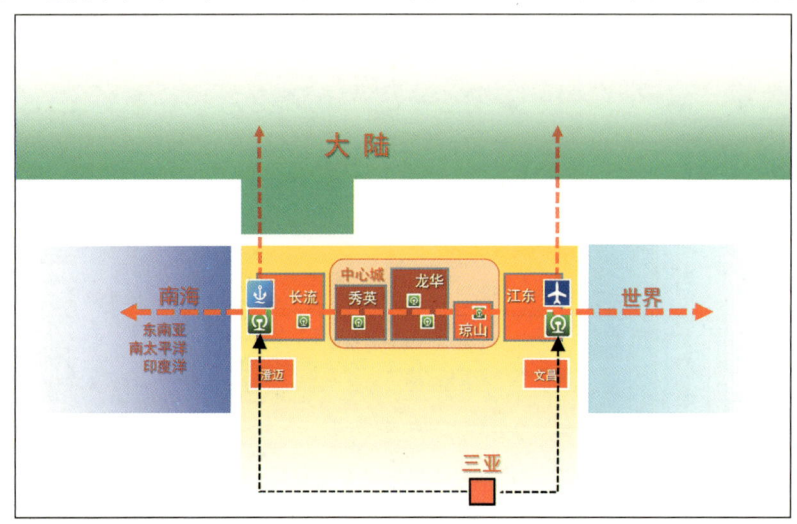

> 图 7-5 海空视角下的海口城市空间结构

将会拉动海口城市空间结构的拓展和重筑。最后，空铁枢纽和海铁枢纽所在地区还将成为江东组团和长流组团的"中央商务区"。它们会拉动其所在城市组团的产业集聚，推动这两个组团的产业集聚和空间发展。

总之，插上双翼、装上双引擎的海口，可以起飞了！

7.3 海铁空视角下的厦门城市空间规划

厦门是中国经济特区和东南沿海重要的中心城市、港口及风景旅游城市，由厦门岛、离岛鼓浪屿、海沧半岛、集美半岛、翔安半岛、大嶝岛、小嶝岛、内陆同安、九龙江等组成，全市总面积为1 700 km²，常住人口为528万人，2021年地区生产总值为7 034亿元。厦门是国家综合配套改革试验区、国家物流枢纽、东南国际航运中心、中国（福建）自由贸易试验区的组成部分、国家海洋经济发展示范区、两岸新兴产业和现代服务业合作示范区、两岸区域性金融服务中心和两岸贸易中心。

现在，厦门区域航空枢纽地位基本形成，海西铁路枢纽基本成型，"内外通达、环湾放射"的路网骨架基本形成，市民出行体验持续提升。

7.3.1 厦门城市组团的规划布局

根据《厦门市国土空间总体规划（2021—2035年）》，厦门市的城市空间规划结构为"一岛、两湾、多组团"。"一岛"即厦门岛。"两湾"中的东部湾区（同安区、翔安区）是未来重点开发区域，将推进海洋高新产业园、凤翔片区厦门科学城、同翔高新城、厦门新机场片区等的建设；西部湾区是指集美、海沧，未来将突出城市空间的改造升级，以及城市产业的转型发展。"多组团"是指已经初步形成的五大城市组团，即厦门岛组团、海沧组团、集美组团、同安组团、翔安组团。

根据总体规划，到2035年厦门岛将有200万人口，海沧南50万人口，海沧北60万人口，集美130万人口，同安北-翔安北110万人口，同安南-翔安中110万人口，翔安南140万人口，合计为800万人口。

厦门城市依山傍水，生态环境极好，城市空间依托生态绿廊、海湾、自然山体的分隔，形成了明显的各个城市组团，笔者认为用"一岛、一带、多组团、多中心"（图7-6）来描述更为贴切，再加上"厦（门）漳（州）泉（州）一体化"，就是厦门统筹安排岛内外城镇空间布局，促进城乡融合和区域一体化发展的城市空间发展战略了。这里所说的"一带"就是厦门岛以外各城市组团沿海湾形成的城市发展带,从漳州开发区到角美、龙海、海沧、集美、同安、翔安、南安,到金门,这些城市组团就是上面所说的"多组团",这些组团都有自己的城市中心,即"多中心"。

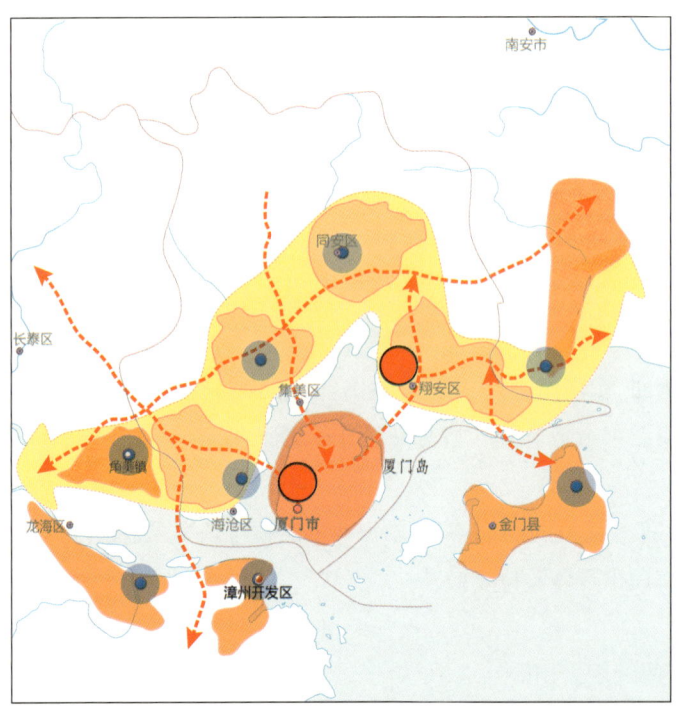

> 图 7-6 厦门城市空间规划布局

7.3.2 厦门门户型交通设施的发展

厦门是国内少有的同时具有高水平海港、高铁车站和枢纽机场的城市之一。

厦门港是中国沿海主要港口之一,是中国综合运输体系的重要枢纽、集装箱运输干线港、东南沿海的区域性枢纽港口、对台航运主要口岸,有通往国际国内的航线,2021年集装箱吞吐量位居世界第 14 位,历史上就是中国东南沿海对外贸易的重要口岸。厦门港共拥有厦门市东渡、海沧、翔安和漳州市招银、后石、石码、古雷、东山、诏安 9 个港区,74 个泊位,开通集装箱班轮航线达 157 条,其中国际航线 99 条,通达 55 个国家和地区的 149 个港口。厦门港 2021 年完成货物吞吐量超过 2 亿 t,完成集装箱吞吐量 1 205 万标准箱;2019 年完成旅客吞吐量 862 万人次。

厦门北站是中国国家铁路网规划中"四纵四横"沿海快速铁路的一座重要客运站,福厦铁路、厦深铁路、龙厦铁路在此交会,使其成为东南沿海最大的综合交通枢纽之一。厦门北站还建有长途客运站、地铁、城市快速公交、公交车站及出租车停车场、社会车辆停车场、主要人流集疏广场等配套设施,并连接周边的沈海高速公路、沙厦高速公路、厦蓉高速公路、324国道等,是一座换乘非常便捷的门户型交通枢纽。

厦门翔安国际机场位于厦门市翔安区大嶝街道,规划占地面积约 16 km²,以大嶝岛为基础填海造地而成,机场定位为中国重要的国际机场、区域性枢纽机场、国际货运口岸机场、两岸交流门户机场。根据机场总体规划,机场飞行区等级为 4F 级,4 条跑道、4 座航站楼、200 多个机位,年旅客处理能力为 8 500 万人次、货运量 200 万 t、飞机起降 63 万架次。机场计划于 2025 年建成投运。

上述三大门户型交通枢纽很大程度上锚定了厦门城市空间的布局和发展定位。特别是国家铁路干线穿越了多个城市组团,城际铁路不仅串联了厦门岛、泉州、漳州,还串联了市内的空铁枢纽和海铁枢纽,使其成为城市群的共享设施,这两条铁路成为厦门市的公共交通轴。接下来,只要用两条市域轨道交通就能够串联起所有的城市组团中心和三大门户型交通枢纽(图7-7)。

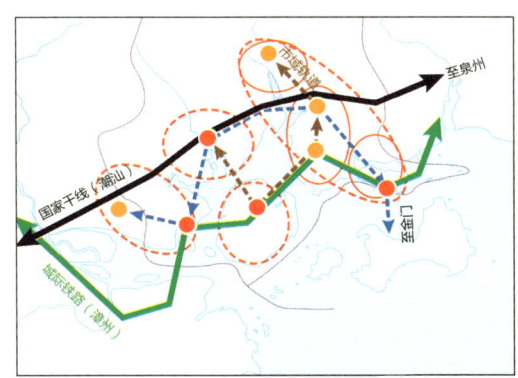
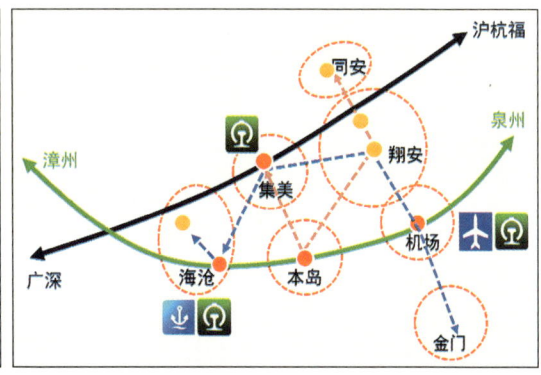

> 图 7-7 厦门海铁空轨规划建议及其逻辑关系图

综上所述,我们可以将厦门市公共交通主干网的结构归纳为:①两条对外交通走廊(国铁干线、城际铁路);②城际铁路和市域轨道交通连接各城市组团中心;③城市组团之间的联系用城市轨道交通解决;④城市组团内可以形成相对独立的公交系统;⑤形成三类客运枢纽,即 4 个门户型交通枢纽、4 个市域综合交通枢纽、多个轨道交通与各种地面交通的换乘站。

7.3.3　海铁空视角下的厦门城市空间结构

从海铁空的视角来看,厦门市的 4 个门户型交通枢纽呈环状布置,并与各城市组团融合在一起。于是由这些城市组团沿海岸形成的城市发展带,也以厦门岛为核心呈环状分布。由此,厦门市的城市空间结构就基本稳定了(图7-8),其空间关系复杂,但逻辑关系非常清晰,两个交通发展轴将各城市组团串联在一起。其中,海铁枢纽和空铁枢纽的门户作用非常明显。西边的海铁枢纽实际上已经是与漳州市共同规划建设的;东边的空铁枢纽与泉州市接壤,泉州市民与厦门市民使用的便捷度几乎没有差别。

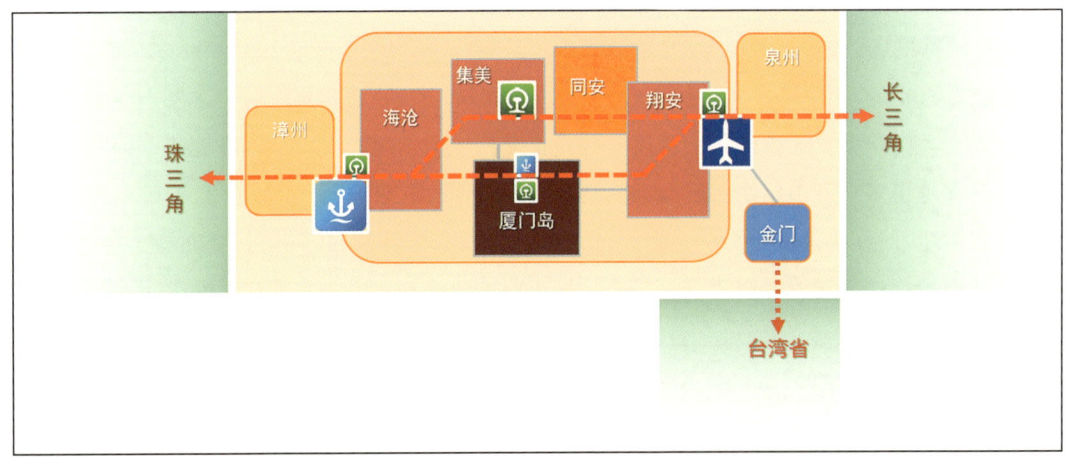

> 图7-8 海铁空视角下的厦门城市空间结构

未来,厦门市将向北、向南推进与泉州、漳州的一体化,紧盯长三角和珠三角;向东携手金门,共建海峡经济圈。厦门的城市空间结构还将向北、向南、向东拓展,为海西经济区的发展和海峡经济圈的整合作出自己的贡献。在这个过程中,厦门的空铁枢纽和海铁枢纽将会发挥非常关键的作用,它不仅会彻底锚固厦门市的城市轨道交通体系和公共交通网络,而且还将推动城市空间的拓展和区域综合交通系统的整合,锚定海峡经济圈的综合交通枢纽网络。

7.4 多门户型交通枢纽支撑的深圳城市空间规划

常见的门户型交通枢纽有公路枢纽、铁路枢纽、空港枢纽、海港枢纽,出入境口岸也是典型的门户型交通枢纽。

深圳是中国经济特区的代表、全国性经济中心城市、国际化城市、科技创新中心(被誉为"中国硅谷")、中国三大全国性金融中心之一、商贸物流中心。全市总面积约2 000 km²,建成区面积为 928 km²，常住人口为 1 768 万人，2021 年全市地区生产总值为 30 665 亿元。深圳地处珠江口东岸，东临大亚湾和大鹏湾，南隔深圳河与香港相连，是粤港澳大湾区四大中心城市之一。

7.4.1 深圳市的城市空间规划

深圳按照《深圳市城市总体规划(2016—2035 年)》"推进精明增长，引导城市转型"的基本思路，将实现区域、生态、创新、空间、治理五方面转型。在区域转型方面，将从功能外溢转向协同共建，拓展深港合作领域，推进共建粤港澳大湾区，引领深莞惠经济圈发展，强力推进深汕合作区建设，推动深圳东进战略。在生态转型方面，将从底线管控转向生态引领，划定生态红线，打造自然公园群，统筹海陆资源。在创新转型方面，将从创新产业转向创新生态，加强创新空间供给，保障一定规模的低成本、共享型品质空间，建设国际科技产业创新中心。在空间转型方面，将从规模拓展转向品质供给，改善城中村面貌，提升旧工业区效益，焕发老城区活力，建设公园绿地、慢行空间等宜居导向的生活空间。在治理转型方面，将从经济导向转向全面发展，打造人文、友好的全民友好型城市。

深圳市的城市空间布局是非常有特色的，简单点说，就是"一轴三带三圈层"(图 7-9)。"一

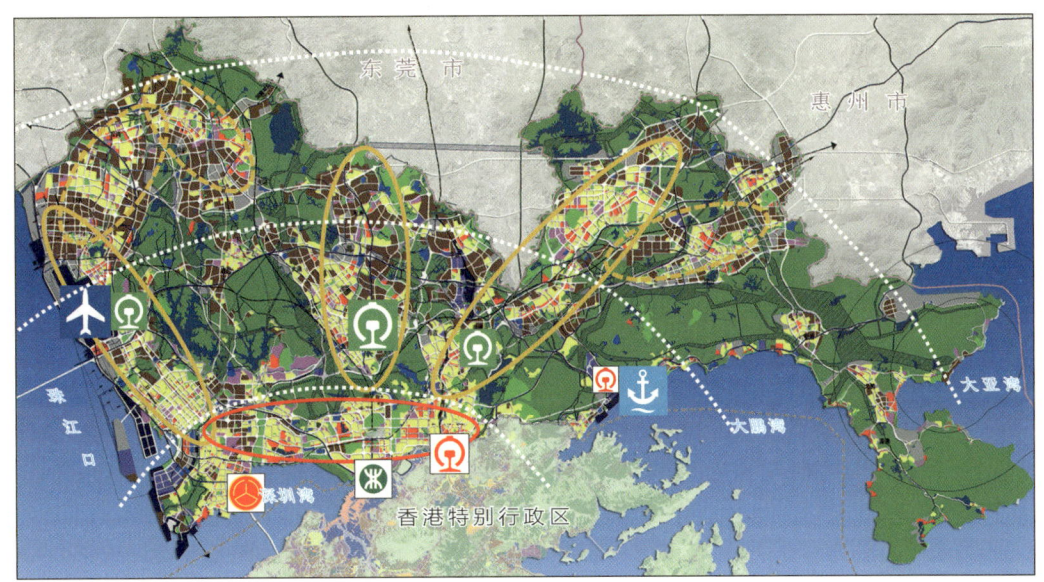

> 图 7-9 深圳市城市总体规划图

轴"是由罗湖、福田、南山三个城市组团形成的中心城区的东西向发展轴。"三带"是指龙岗方向的东北城市发展带、正北方向的中部城市发展带和宝安方向的西部发展带。"三圈层"是指自内向外,罗湖、福田、南山三个城市组团为第一圈层;宝安城市组团、中部城市组团和东部城市组团为第二圈层,空港和海港均位于这个圈层内;第三圈层包括东北城市发展带上的东部城市组团和西部城市发展带上的西部城市组团。

7.4.2 深圳的多个门户型交通枢纽

深圳有六个重要的门户型交通枢纽:深圳机场、盐田港、深圳北站、罗湖口岸、福田口岸、深圳湾口岸。

深圳已拥有国务院批准的一类口岸15个,2019年出入境人员达2.4亿人次。其中:公路口岸7个,为罗湖、文锦渡、皇岗、沙头角、深圳湾、福田、莲塘口岸;铁路口岸1个,为广深港高铁西九龙站口岸;水运口岸6个,为盐田港、大亚湾、蛇口、赤湾、妈湾、大铲湾口岸;航空口岸1个,为深圳宝安国际机场。对城市空间结构影响最大的三大口岸是罗湖、福田和深圳湾,罗湖和福田是铁路与城市轨道交通为主的综合交通枢纽,深圳湾是典型的公路交通枢纽,这三大门户型交通枢纽对深圳城市空间结构的影响是关键性的,在深圳城市发展的初期,其重要意义甚至超过了空港、海港和深圳北站(图7-10)。

> 图7-10 罗湖口岸和深圳北站周边地区规划效果图

深圳北站是深圳市规模最大、接驳功能最为齐全、设备技术最先进、客流量最大的特大型综合铁路枢纽。深圳北站占地达240万 m²,设11个站台、20条股道,设计年发送旅客量可达5 200万人次。深圳北站将公交、地铁、出租车、长途客运、小汽车等城市交通形式全部整合进来,旅客在站内就可以享受非常便捷的换乘服务。深圳北站取消了传统火车站巨大的站前广场的设计，旅客无需走出车站便可进行各种交通方式的换乘。

盐田港是中国第三大港口，位于深圳市南大鹏湾北岸，毗邻国际金融、贸易和航运中心香港特别行政区，背靠中国较大的出口加工基地珠江三角洲，水深面广，为中国著名的国际中转深水港之一，是中国华南地区重要的集装箱运输港。截至 2018 年，盐田港拥有大型集装箱深水泊位 16 个，码头面积为 373 万 m^2，拥有 78 台岸吊、222 台龙门吊，岸边水深为 14~17.6 m，航道水深为 17.6 m，泊位总长达 7 885 m。2020 年盐田港年度集装箱吞吐量达到 1 334.8 万标准箱，累计集装箱吞吐量突破 2 亿标准箱。

深圳宝安国际机场是世界百强机场之一，中国四大航空货运中心及快件集散中心之一。机场现有 2 条跑道、3 座航站楼、199 个机位，航线总数达 188 条，通航城市 139 个，其中内地及大陆城市 108 个、港澳台城市 4 个、国际城市 27 个。深圳宝安国际机场规划到 2025 年将拥有 3 条跑道[图 7-11(a)]，年旅客吞吐量超过 7 000 万人次，货邮吞吐量超过 210 万 t。

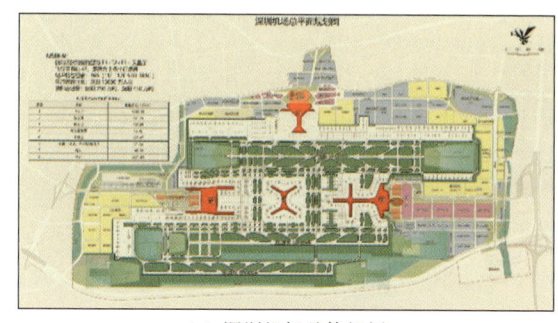
(a) 深圳机场总体规划

(b) 机场东站综合交通枢纽规划

> 图 7-11　深圳机场总体规划与机场东站综合交通枢纽规划

特别值得一提的是深圳机场东站综合交通枢纽[图 7-11(b)]，它是深圳市"十四五"期间重点打造的大型空铁枢纽，将成为深圳市未来最重要的门户型交通枢纽之一。该枢纽位于深圳宝安国际机场原 A、B 航站楼所在的航站区，为"机场＋高铁＋地铁＋城铁"的一体化综合枢纽，枢纽内由东向西依次为既有地铁 1 号线、在建地铁 12 号线、规划地铁 20/26 号线、深大城际、深茂铁路、空侧旅客捷运、新一号航站楼等主要交通设施。枢纽地区规划总用地面积约 11.7 万 m^2，总建筑面积约 80 万 m^2。航站楼位于铁路枢纽的上方，可实现旅客换乘、商业服务等空间的共享，以及无缝衔接的空铁联运。由高铁换乘至深圳宝安国际机场各航站楼的旅客可在枢纽内实现提前行李值机和托运，搭乘空侧旅客捷运系统到达各航站楼。

7.4.3 海铁空视角下的深圳城市空间结构

深圳是笔者见过的具有最多门户型交通枢纽的城市，它的城市空间布局非常合理，整座城市呈现组团式、带状发展的空间结构（图7-12）。罗湖、福田、南山通过口岸枢纽对接香港，东北城市带、中部城市带、西部城市带通过铁路枢纽对接内地，整座城市通过海港、空港面向世界。如果深圳机场的国际航线再多一些，深圳的这一翼就与城市整体发展相得益彰了。

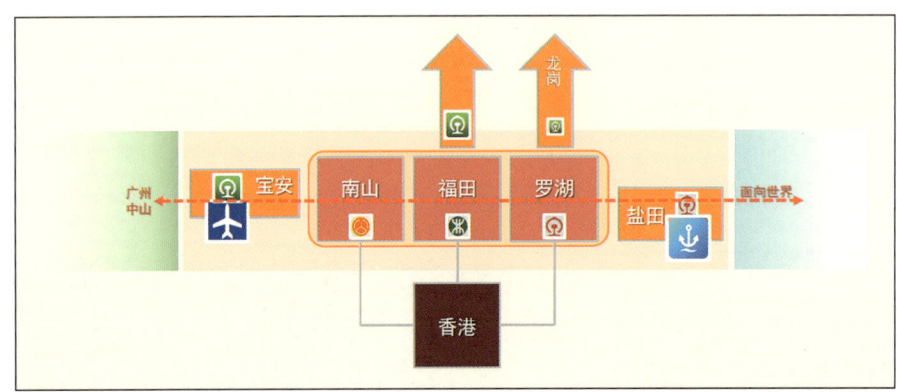

> 图7-12 多枢纽支撑的深圳城市空间结构

深圳城市轨道交通的规划建设都是沿城市发展轴展开，很好地配合了城市空间规划的形成。特别是最早建设的地铁1号线、2号线、3号线、4号线，早早地锚固了城市空间结构。

深圳在过去40年的城市发展中深谙门户型交通枢纽与城市经济发展和空间拓展之道。在高铁与航空带来的发展机遇面前，深圳在高铁枢纽与枢纽机场的规划建设中再一次抓住了机遇，正在集全市之力一展宏图。我们期待深圳在空铁枢纽的规划建设中创造出新的方法和新的模式！

最后还要再说一句，就是"深圳市城市总体规划的空间结构规划在过去40多年中一直未曾被改变过"。令人感慨，令人思绪万千，这里蕴藏着几代人的执着与努力。

7.5 海铁空视角下的天津城市空间规划

天津是中国北方最大的港口城市、国际性综合交通枢纽、国家物流枢纽北方国际航运核心区、金融创新运营示范区、首批沿海开放城市。2003年,笔者团队参加了天津城市发展战略研究,对天津市中心城区的城市空间结构的认识可以归纳为"两轴、三城区、三港"。

"两轴"是指海河和津滨轻轨。海河是天津的母亲河和最初的航运枢纽设施,是天津作为贸易中心城市发展的起点。随着以海河为轴线的新一轮城市建设的进展,大量的航运枢纽设施、金融设施、信息枢纽设施等都落户于海河两岸,中心城内的海河两岸迅速崛起,成为现代化国际贸易中心城市的中央商务区,并由此带动天津老城的快速发展。津滨轻轨(天津轨道交通9号线)始建于2001年初,是天津老城与滨海新区和塘沽港区连接的重要轨道交通线路,线路工作日有大量的通勤客流,非工作日也有大量的旅游、业务等客流,在滨海新区的发展中起到了非常重要的作用,事实上成为津滨发展轴的结构中枢。

"三城区"是指天津老城、滨海新区和塘沽港城。在2004年的"天津交通发展战略"研究中,我们发现如果将天津的行政文化中心移至滨海机场以东的滨海新区中部,将大大推动滨海新区的发展,加速城市发展轴上"组团式带状城市空间"的形成(图7-13)。为此,我们特别向天津市委市政府建议:在军粮城周围地区建设天津市新的行政、文化中心,将市委市政府,以及各种会议设施、国际展览设施、现代美术、戏剧、音乐、博物设施,各类体育、休闲设施集中建设于此,以期达到城市开发之牵引作用。

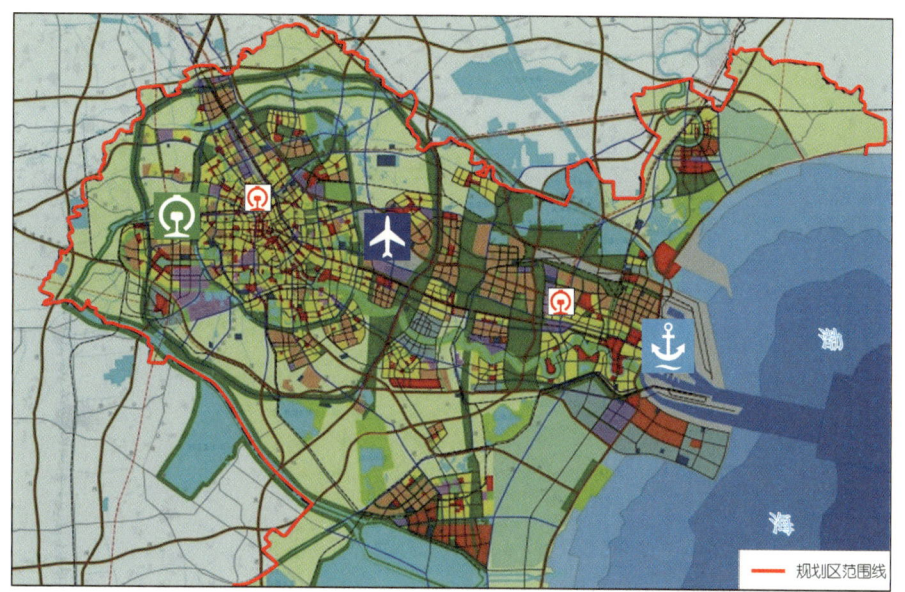

> 图7-13 天津市城市总体规划

"三港"是指空港、海港和"西部高铁枢纽"。以空港和海港为核心,两港都将形成自己的临空产业园和临港产业园,并发展出相应的城市组团。当时大家最关心的是天津未来的高铁枢纽应该布置在哪里,于是我们重点研究了这个问题,提出了类似于虹桥综合交通枢纽的建议。

天津市区内的国铁干线主要是"天津—北京""天津—上海"和"天津—东北"三个方向的客运和货运通道,还为天津港和秦皇岛港提供集疏运服务,主要分为高速客运、普通客运和普通货运三种运输类型。由于国铁干线运量大、通行频率高,所以线路应尽可能通道化,走城区外围,以保证线路的运行效率,降低时间损失,同时也减少线路与城市之间的相互干扰,减少高速列车的噪声污染和其他一些安全问题。

由于高铁旅客都是在高铁枢纽换乘以城市轨道交通为代表的市内集疏运系统,因此旅客并不是很在意高铁车站是否在市中心。在综合分析了所有影响因素和相关条件之后,我们当时向天津市委市政府建议高铁线路走城区外围,京沪高速铁路干线不进城;同时建议规划建设大型综合交通枢纽"天津西部高铁枢纽",该枢纽要接入完善的城市集疏运系统,通过以轨道交通网和巴士线网为主体的公共交通系统与各城区相连(图7-14)。

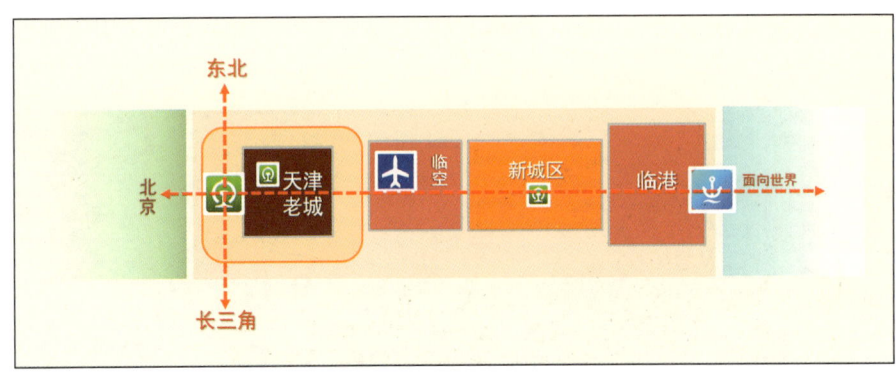

> **图7-14** 海铁空视角下的天津城市空间规划建议

几乎是同时,我们也给上海市委市政府提出了与"天津西部高铁枢纽"相似的"虹桥综合交通枢纽"建议方案。经过两年的研讨、比较和方案深化,上海市政府在2006年正式公布了"虹桥综合交通枢纽地区结构规划",全面启动了虹桥综合交通枢纽的规划建设工作,该项目于2010年上海世博会前投入运营。

本章小结

有多个门户型交通枢纽的城市是幸运的,但是因综合交通枢纽多而造成困惑的城市也并不少见。如何处理好门户型交通枢纽的建设运营与城市组团、经济社会发展的关系,保障城市空间规划的有效实施是需要决策者们的远见卓识和实干担当的。为了使门户型交通枢纽与城市空间相辅相成、相得益彰,通过城市空间规划的干预,对城市组团的成长进行必要的推动和管理是必要的。

在本章中我们看到的成功案例,通常都采用了组团式、轴向或带状发展的模式。这其中,城市组团之间的联系,主要依靠大运量的铁路和城市轨道交通来实现;而将城市组团隔离的最好手段(工具)似乎就是山、水和绿地。

第 8 章
陆路口岸视角下的城市空间规划

8.1 概述

门户型交通枢纽,当其门户向国外和境外开放时,它就变成了口岸型交通枢纽。除了前面已经谈到的空港和海港之外,门户型交通枢纽还有一种类型就是陆路口岸。特别是当陆路口岸引入高铁后,它们相互加持、辐射能级剧增,会对城市经济发展和城市空间重筑形成巨大的推动力。在我国,最引人注目的陆路口岸就在深圳和珠海,在本章中让我们来看看珠海的情况。

珠海是中国最早的经济特区之一,珠江口西岸的核心城市和滨海风景旅游城市、粤港澳大湾区重要节点城市,它东与香港、深圳隔海相望,南与澳门陆地相连,西邻江门市,北与中山市接壤,面积为 1 736 km²,设有 8 个国家一类口岸,是珠三角中海洋面积最大、岛屿最多、海岸线最长的城市。珠海市常住人口为 247 万人,2021 年地区生产总值为 3 881.75 亿元。

珠海已经建成三大陆路口岸:拱北、横琴、港珠澳大桥口岸岛。拱北口岸的联检大楼于 1999 年 10 月 2 日正式启用,旅客入境共设 27 条人工验放通道,28 条自助通道,10 条临时验放通道;出境有 24 条人工验放通道,22 条自助通道,车辆检查通道有 11 条。拱北口岸 2009 年就已经处于饱和运营状态,进出旅客量达到约 8 000 万人次,其中进 4 138 万人次、出 3 862 万人次;进出境车辆达到 207 万辆次,其中进 102 万辆次、出 105 万辆次;每日高峰旅客量达 28.48 万人次,车辆达 600 辆。拱北口岸的特点是:位于市中心,方便旅客,但其功能设施分散;出入境流程清晰,旅客步行距离短;缺乏市内轨道交通,只能利用周边城市道路系统;商业和口岸流程交织在一起,效率低;商业繁荣,但缺乏高档次商业,商业服务设施业态与层次混乱;人车争道,缺乏统一协调管理;以旅客通关为主,货物仅剩早晨供澳生鲜产品。拱北口岸基础设施总平面图与实况见图 8-1。

> 图 8-1 拱北口岸基础设施总平面图与实况

2010年开始,笔者团队参与了珠海横琴口岸和港珠澳大桥口岸岛的项目策划及拱北湾、西部新城、城市轨道交通等一系列的规划建设工作。

8.2 横琴口岸型交通枢纽的项目策划

横琴新区又称横琴粤澳深度合作区,位于广东省珠海市横琴岛。横琴岛地处珠江出海口西侧,东隔十字门水道与澳门相邻,南濒南海,西临磨刀门水道,北与珠海南湾城区隔马骝洲水道相望,全岛面积约 106 km²;它毗邻港澳,已建有横琴口岸与澳门相通,处于"一国两制"的交汇点和"内外辐射"的结合部。2009 年 8 月 14 日,国务院正式批准实施《横琴总体发展规划》,将横琴岛纳入珠海经济特区范围,国家要逐步把横琴建设成为"一国两制"下探索"粤港澳"合作新模式的示范区。2021 年 9 月 5 日,中共中央、国务院印发了《横琴粤澳深度合作区建设总体方案》。随后横琴粤澳深度合作区管理机构正式揭牌。

8.2.1 陆路口岸周边业态调查

2010 年,当我们接手珠海横琴项目策划之后,首先对广东的拱北、罗湖、福田、深圳湾、横琴五个口岸及其周边一公里地区进行了调查研究。虽然陆路口岸周边地区的业态类型较多,但大致可以归纳为 5 种:酒店、餐饮、休闲娱乐、购物服务和其他设施(图 8-2)。

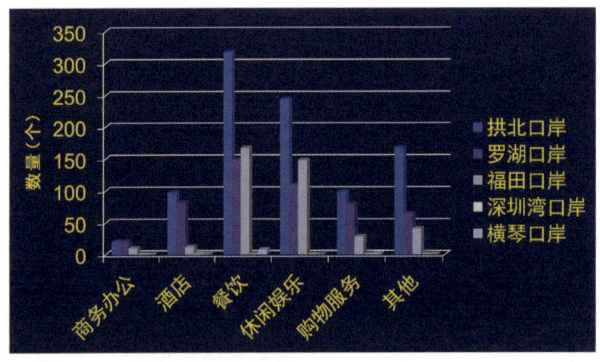

> 图 8-2 部分陆路口岸周边一公里业态

第一,口岸附近集聚了大量的酒店和宾馆。由于口岸附近客流较大,因此酒店收益普遍较好。当时,横琴口岸周边尚无完善的酒店(宾馆)设施,考虑到口岸枢纽建成后会有较大的客流量,我们建议在其周边建设不同星级的酒店、经济型宾馆和招待所等,以满足不同旅客的需求。

第二,口岸周边的餐饮业较为发达。口岸周边的餐饮包括中餐、西餐、快餐、咖啡厅和酒吧五类,受通关旅客特征影响,平均消费比较低且出餐速度较快的中餐和快餐所占比例较大。

第三,口岸周边存在大量的休闲娱乐设施。其中保健按摩类和美容美发类占了绝大多数,尤其是拱北口岸附近一公里内的美容美发设施达到了145家之多,据说是因为境外美容美发费用太贵造成的。口岸周边的休闲娱乐设施包括KTV、网吧、电影院、健身中心、保健按摩店和美容美发店六类。

第四,口岸周边的商业零售、购物中心等相关设施较多。这类设施包括便利店/超市、百货商场、家电/电器商店和其他各种商品的零售商店四类,尤其以便利店/超市和小型零售、专卖商店居多。

第五,口岸周边一公里内银行网点和旅游服务设施分布密集。各口岸周边的其他设施包括银行、邮政储蓄所和旅游服务、商务办公等设施。拱北口岸与罗湖口岸分别与澳门和香港相连,因此口岸周边的旅游服务公司特别多。

8.2.2 横琴新区的城市规划

横琴新区与澳门隔江相望,是珠海未来10~20年的发展热点,它拥有珠海特区的荣耀和开拓精神,也是澳门拓疆之地。按照最新的通关政策,横琴新区就是一个"自由贸易区",相当于一个扩大版的澳门。整个横琴新区可以视为一个免税区或保税区,在税收上享受与澳门同等的优惠政策,这为吸引国际优质资本进入横琴创造了条件。

横琴新区的规划目标是把横琴建设成为联通港澳、区域共建的"开放岛",经济繁荣、宜居宜业的"活力岛",知识密集、信息发达的"智能岛",资源节约、环境友好的"生态岛";深化落实CEPA(Mainland and Hong Kong Closer Economic Partnership Arrangement 及 Mainland and Macao Closer Economic Partnership Arrangement),即《内地与香港关于建立更紧密经贸关系的安排》及《内地与澳门关于建立更紧密经贸关系的安排》,为澳门居民在横琴居住、投资、就业创造条件;形成研发设计、文化创意、医药医疗等若干产业集群,促进澳门经济适度多元化发展。图8-3所示为横琴新区城市总体规划图。

横琴岛上有一个很重要的交通节点就是横琴口岸及其综合交通枢纽,其开通运营对珠海客运交通体系的影响将是重大的。整个横琴岛按照规划会有30万人左右的居住人口,我们将综合

> 图 8-3 横琴新区城市总体规划图

交通枢纽与口岸规划为一个完全一体化的设施,考虑了每天20万人次的处理能力。广珠城际轨道交通和澳门轻轨在这个口岸型交通枢纽均设有一站,该处将是整个岛上最大的综合交通枢纽。

8.2.3 横琴口岸型交通枢纽的规划建设

我们的策划报告对横琴口岸型综合交通枢纽及其周边地区的功能定位是:珠海的核心口岸,内地与澳门之间的核心口岸;珠海的综合交通枢纽,珠江三角洲的重要交通节点;横琴岛的内外交通换乘枢纽,横琴新区内的综合交通枢纽;承接港澳城市功能的辐射,成为商业服务业的集聚点。总之,要将这个口岸型综合交通枢纽打造成珠海的一张新名片。据此,我们提出了口岸型交通枢纽地区的功能与用地规划。图 8-4 中的中间两个地块为口岸与交通枢纽功能设施群,周围的七个地块为商业服务设施群,停车设施和候车设施分散在每块用地里面。红线围出来的部分属于关外。

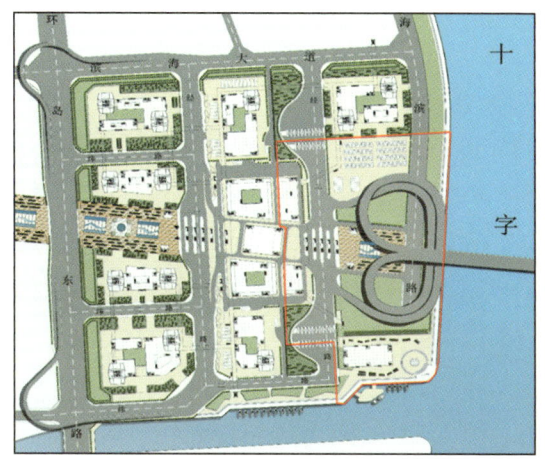

> 图 8-4　横琴口岸地区的空间规划

口岸功能设施包括:海关、边防、检验检疫、安检、公安、安全、工商等。横琴方面的交通功能设施包括:广珠城际、横琴轻轨、公交巴士、水上巴士、专用巴士、长途巴士、出租车、社会车辆、后勤用车、货运车辆、停车设施、过境客车等;澳门方面的交通方式包括:直升机、澳门轻轨、公交巴士、水上巴士、专用巴士、出租车、社会车辆、后勤用车、货运车辆、停车设施、过境客车等。

横琴口岸型交通枢纽的交通换乘设施分布在口岸设施的东西两侧,南北两侧布置了两座比较大的停车楼,停车楼上部是酒店式公寓或 SOHO 办公楼等高层设施。口岸与枢纽设施的地上两层主要是口岸设施,设施两边是商业服务设施,地下一层是地下车库,在南北两座停车楼未建之前,这个地下车库可以先运行起来,等到以后容量不够了再建南北两座停车楼。横琴轻轨在地下可以通过地下通道直接与广珠城际线换乘,城际铁路线站台在地下二层,旅客在地下一层的站厅层与其他交通方式换乘,这样使用广珠城际和澳门轻轨的旅客在地下就能够进出口岸。当两层的口岸设施不够用时,口岸枢纽设施的地下车库可以改造成为口岸设施。这样改造以后,横琴口岸的容量就可以再翻一倍,达到年均 8 000 万人次以上。

我们在口岸型交通枢纽设施的门口还规划了一个城市广场,这就是横琴新区象征性的门户广场。这个地方将形成一个城市市民活动的中心,市民通过一个地下通道就可以从口岸枢纽进入西侧的横琴新区行政文化中心,这里将是横琴新区城市发展的核心,是城市发展的牵引中心和发动机。从这个地方向北、向西会发展出两个城市发展轴,一个是往十字门地区 CBD 方向的城市发展轴,另一个是向西的城市发展轴。

8.3 港珠澳大桥口岸岛的空间规划

港珠澳大桥是中国境内一座连接香港、珠海和澳门的桥隧工程,位于广东省珠江口伶仃洋海域内,为珠江三角洲地区环线高速公路南环段。港珠澳大桥东起香港国际机场附近的香港口岸人工岛,向西横跨南海伶仃洋水域接珠海和澳门人工岛,止于珠海洪湾立交;桥隧全长 55 km,其中主桥长 29.6 km、香港口岸至港珠澳大桥口岸岛长 41.6 km;桥面为双向六车道高速公路,设计速度为每小时 100 km,工程项目总投资额达 1 269 亿元。港珠澳大桥因其超大的建筑规模、空前的施工难度和顶尖的建造技术而闻名世界。

8.3.1 港珠澳大桥口岸岛项目策划

港珠澳大桥的建成通车为珠海开启了一个全新的时代,大桥在珠海的落地点就是人工吹填的口岸岛。该口岸岛上将集聚港澳与大陆之间的口岸功能、综合交通枢纽功能和商务功能等,从而形成一个特殊的城市——海珠城。

港珠澳大桥到了珠海后,由于没有合适的地点进行口岸的一关三检工作,于是珠澳政府决定在拱北湾南部珠澳交界处填海建设一个"口岸岛",过往人员及货物在岛上完成一关三检等口岸工作以后再进入珠海市区。在拱北湾规划建设这样一个巨大的口岸设施马上就引发了争论,许多人担心会破坏拱北湾美丽的风景。同时还有一个资金问题困扰着政府,由于公益性质的口岸岛上几乎所有设施都是没有收益的,这就使政府面临投资来源缺乏、运营维护成本高等难题。

笔者团队接受了珠海市政府委托的"港珠澳大桥口岸岛项目策划"这一难题。我们认为,虽然在拱北湾建设这样一个口岸岛大家有不同意见,但是如果拱北湾里停靠一艘或几艘大型游轮,是不会有不同意见的,而且是大家乐见其存的,并且认为那是会给拱北湾增色添彩的。于是,我们就设想将口岸岛建设成一个大型的游轮或游轮群,在景观上与拱北湾完全融为一体。如果真的能把这座岛建成像游轮停在那里一样的感觉,并且真的像游轮那样商业服务功能齐全、设施设备完善,这个被人们质疑的口岸岛就会成为珠海市的一个新景点,还将成为情侣路延伸出来的一个高潮点。

游轮具备四个方面的特点,即服务内容的多样性、服务设施的复杂性、服务功能的综合性和服务产品的整体性,而游轮上的设施是完全一体化的,是一个整体,这些特点对于口岸岛的开发具有非常好的借鉴意义。游轮上的设施包括：商务设施——办公空间、会议厅、展示馆等；商业设施——零售店、专卖店、超市等；餐饮设施——中餐厅、西餐厅、快餐厅、酒吧、茶吧等；娱乐设施——游泳场、健身馆、攀岩场馆、KTV、酒吧、美容店、剧场、电影院等；住宿设施——宾馆等；其他辅助设施——停车库、仓库、餐饮加工场、水电通信设施、直升机场等,可见,整艘游轮集聚了绝大多数城市设施,相当于一个城市中心地区的设施群,一艘游轮就是一个流动的、高度综合的城市设施。因此,港珠澳大桥在珠海的这个口岸岛也应该具备上述功能和设施,成为拱北湾里的一颗明珠。所以我们称之为"海珠城"。

从城市和区域发展的角度来研究,海珠城应该具备口岸功能、综合交通枢纽功能和商务、商业服务等城市中心的功能。口岸功能是其首要的功能,包括：海关、边防、检验检疫、安检、公安、安全、工商等,其功能设施包括旅检大楼、大客车上下客区、出租车等候区、大小客车查验通道、旅客车辆查验场、停车楼,以及货检场地及查验通道、货检区检验检疫熏蒸场地、办公用房、市政配套设施等。

海珠城里与口岸功能配套的第二个主要功能是成为珠三角的区域性综合交通枢纽。会聚于此的各种设施有城际轨道交通、城市轨道交通、城市地面有轨电车、长途巴士、城市线路巴士、旅游巴士、出租车、各种社会车辆和各种货车等,还有港澳水上巴士、内地水运船舶、直升机,以及各种停车设施、道路设施、码头、各种车站,等等。港珠澳大桥建成通车后,在这个口岸进出的旅客量将稳步提升到每天15万~20万人次,也就是年旅客量7 000万人次左右的水平。仅仅这个旅客量,我们就可以确认这里将兴起一座超大型的综合交通枢纽,将进一步提升珠海在珠三角综合交通网络中的地位,使珠海成为珠三角交通的一极。

海珠城的第三个功能是依托口岸规划建设的商务、商业开发设施群所提供的城市服务功能。当人和车集聚后,就需要建设相应的商业服务设施,同时又可以借助于这庞大的人流和便捷的交通发展商务、会展、住宿等功能设施。通过对游轮业态和已有口岸地区业态的调研,经过综合分析研究,我们认为岛上可以开发的业态包括：零售、餐饮、住宿、商务、会展、旅游观光、休闲娱乐、居住等,与其相对应的设施包括：商店、餐馆、酒店、汽车旅馆、办公楼、会展中心、观光平台、观光塔、游船、休闲场所、娱乐场所、公寓楼等。岛上的口岸核心功能和开发功能可以互不影响、相辅相成。商业开发设施可以规划布置在繁忙的交通流线之外,确保交通的流畅,使旅客来去便捷。商业服务设施则布置在口岸流线中的旅客随时抬头或侧目都能看得到的位置,即商业服务设施应与口岸旅客流程可合可分、互不干扰。

8.3.2 海珠城的开发规划

海珠城设施规划的指导思想就是两个词：一体化、可持续。具体体现在以下三个方面：第一，通过口岸、交通、商业三大功能的一体化提高设施的效率，特别是提高口岸设施的效率，促成口岸功能从"管理型"向"服务型"转变。第二，通过口岸、交通、商业三大功能的一体化提高设施的便捷度，特别是提高交通设施的便捷度，促成交通功能从"功能型"向"枢纽型"转变。第三，通过口岸、交通、商业三大功能的一体化提高设施的价值，特别是提高开发设施的商业价值，促成商业服务功能从"配套型"向"功能型"转变。

为了保证三大功能设施的紧凑高效，规划设计必须遵循以下原则：一是要保障充足的功能设施用地。口岸用地应集约使用，交通枢纽应立体化布置，开发用地应沿海岸线布置，以便充分利用景观资源，提高土地价值。二是要强调商业服务设施的一体化。商业设施全部在二层以上，主要布置在二层，与地面机动车交通完全分离，用完全步行化的走廊串联所有商业设施，与口岸人流适度分离，保证口岸效率。三是要实现彻底的人车分离。通过机动车在地面一层、人流在二层的竖向分离和多车道边、多通道、多出入口的平面分离，使人车完全分流，人流空间舒适安全，车流交通方便高效。四是口岸车流要单向循环。口岸货检分布在客检的南北两侧，进出口岸的道路系统完全采用单向循环系统，彻底消除车流交织和立交工程。五是要让地面层全部用作停车位和少量机房。由于所有设施用地均为人工吹填而成，因此我们建议整岛规划基准标高定位在建筑的二层，亦即将建筑的二层设定为±0.000 0标高。这样一来，既可减少岛上的吹填土方、减少开挖，又能改善停车空间的环境，还能大大提高停车效率。所以除道路用地以外，岛内开发用地的地面一层全为停车库，口岸及交通枢纽地区的地面一层为停车库和站房。六是要让珠澳口岸一体化。珠海口岸和澳门口岸旅检楼应通过连廊直接衔接，使珠澳口岸尽可能接近，尽量减少旅客步行距离，减少通关时间。港珠澳大桥口岸岛空间规划示意见图8-5。

港珠澳大桥口岸岛的设施规划布局我们是这样考虑的：一层全部为交通和停车空间，车在一层、人在二层，人车分离。口岸岛二层为人行和商业空间，口岸区与开发区商业服务设施通过二层廻游廊系统连接为一个整体，口岸、交通、商业服务等功能设施完全一体化。

商业服务设施主要布局在口岸设施内和连接三大设施群的步行走廊两侧，在沿海岸线开发的商业服务设施中，集中布置餐饮设施。规划在口岸岛西部沿海的设施群可以在二层开设零售购物商铺，一层规划建设一条临水酒吧街。旅客从这个位置看过去，对面就是澳门，晚上可以在口岸岛上的旅馆休息。这样就可以将主要的口岸设施和主要的商业设施串联起来，在关内、关外分别布置一个核心的商业设施，一个在珠海口岸这一侧，另一个在关外，满足已过关旅客的需求。

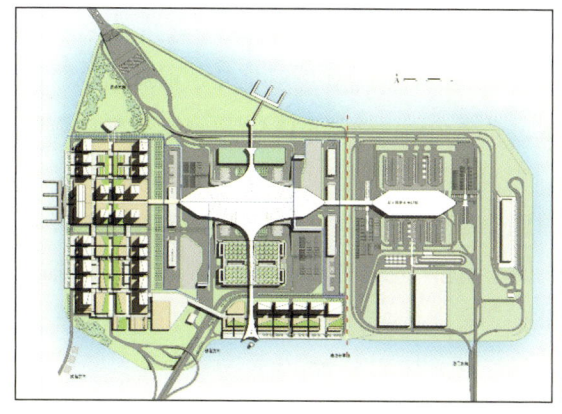

> **图** 8-5　港珠澳大桥口岸岛空间规划示意图

8.4　门户型交通枢纽锚固珠海的公共交通网络

许多人可能都忽略了一个事实,那就是轨道交通网、公交巴士网是有本质区别的。几乎没有人不赞成"公交优先"的理念,但是一谈到建轨道系统,许多人就退缩了。我想说的是:靠巴士是不可能做到公交优先的。如果只有线路巴士、无轨电车等,公共交通优先还是不可靠的。公交优先的体系一定是"具有专有路权的轨道运输为主体的公共交通体系",不能做到轨道运输为主体,公交优先就是一句空话。大家可以想像一下:开辆巴士,与其他机动车挤在一条路上怎么做到优先?就算有了专用车道,又怎样确保不被别的车辆占用?到了路口各种车辆不是还得轮流通过吗?所以,"公交优先"之后一定还要跟一个词"轨道为主"。

8.4.1　珠海市铁路与城市轨道交通规划

珠海客运交通的最大特点就是其口岸巨大的交通量,这是一般城市所没有的,口岸交通是珠海的公共交通要解决的首要问题。从另一个角度看这一特点,就是珠海是与其腹地紧密地联系在一起的,口岸客流的绝大部分将是珠三角、全国与港澳之间的客流。因此,珠海的轨道交通网络研究必须研究珠三角的网络,必须研究与港澳的对接。于是,我们将珠海的公共交通网络分为四个层次,即城际轨道交通(含铁路)、城市轨道交通、地面有轨电车和线路巴士。

作为珠海公共交通网络第一层次的城际轨道交通,其线路有多条,其中广珠城际轨道交通已进入拱北口岸,广佛江珠城际轨道交通已进入设计阶段。由于珠三角城际轨道交通的制式是统一的,这两条城际轨道交通线路建成以后就可以联通运营。广珠城际线接下来要延伸到机场,广佛江珠线也要做到珠海机场,这样两条城际线就可以联通运营了,就能够把几个枢纽都串联起来,彻底解决这些枢纽之间的沟通问题。另一条城际轨道交通线路就是珠斗城际线,我们认为这条城际线应该进入港珠澳大桥口岸岛,因为这个口岸每天有10万~20万人次的旅客量,非常需要有一条对外的城际轨道交通线。珠斗城际线原规划是沿海岸线向北去连接唐家湾的珠海北站,但这段线路与广珠城际线重复,意义不大。如果向南进入港珠澳大桥口岸岛则不仅可以解决口岸岛的旅客集疏运问题,线路还比原方案短。我们还建议将珠斗城际的线位整体南移,与珠海大道共用通道,这样既可以节约用地,又可以共享环境资源和市政资源。

关于广珠铁路,我们建议从五山附近出一条支线进入金湾综合交通枢纽,最好再进一步进入前山综合交通枢纽。这样,广珠铁路和上述三条城际轨道交通线就构成了珠海公共交通网的第一层次:快速城际轨道交通系统(图8-6)。

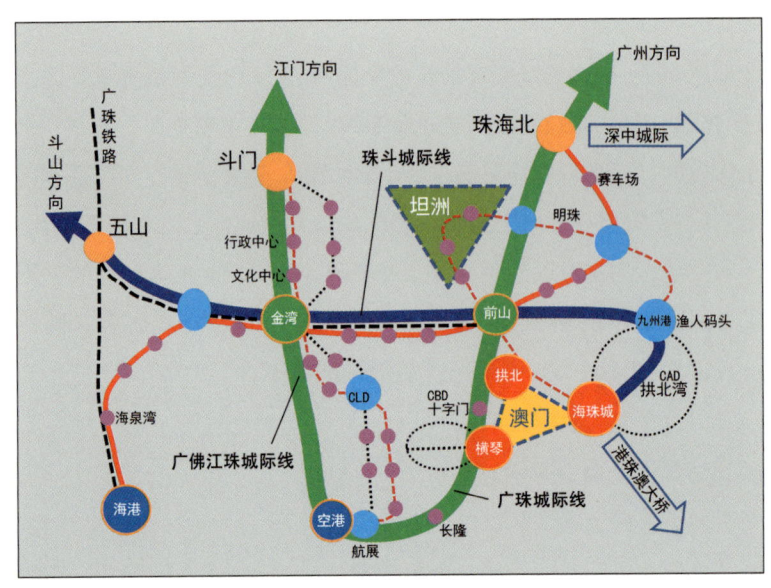

> 图 8-6　珠海市铁路与城市轨道交通规划

珠海公共交通网络的第二层次就是城市轨道交通系统。由于城际轨道交通是快速系统,它只能联系主要的口岸和综合交通枢纽,不可能设置过多的车站为市内交通服务,因此珠海还需要有城市轨道交通。首先要有一条市内的从海港到珠海北的轨道交通线把东西城区、三个城市轴串联起来。建议这条城市轨道交通线也共用珠海大道通道，可以沿线多设车站，以带动沿线的发展，这一点城际线是做不到的。这条线路很长、车站多、运量大，在网络中的地位重要，因此我们建议选择运量大、可靠性高的城市轨道交通系统。第二条城市轨道交通线应该在东部城区。东部城区经过30年的发展已经非常成熟了，加上中山市的坦洲地区，应该是需要一条城市轨道交通线的。我们建议这条线路从九州港出发，经明珠站到坦洲，然后向南经前山综合交通枢纽到拱北口岸，最后到港珠澳大桥口岸岛，即海珠城。第三条城市轨道交通线位于西部城区。我们为西部新城规划了两条轨道交通线，都是从斗门经金湾综合交通枢纽到珠海机场的。我们建议从这两条线路中选一条采用城市轨道交通的制式，而另一条可以考虑采用地面有轨电车的制式。

珠海公共交通网络的第三层次就是地面有轨电车系统。西部新城除了广佛江珠城际线和城区内部规划了一条轨道交通线外，还需要一条有轨电车线。在实施这条线路的时候，还需要做具体的客流分析。我们在横琴岛内规划了三条地面有轨电车线路，都进入横琴口岸综合交通枢纽。我们还建议环拱北湾做一个地面有轨电车的环线，把沿岸的所有公共设施都串联起来，实际上是把拱北湾周边地区整合在一起，同时通过改造成为渔人码头的九州港和港珠澳大桥口岸岛这两个综合交通枢纽，与珠海公共交通网对接。

珠海公共交通网络的第四个层次就是各种线路巴士系统。它们为上面三个层次所形成的轨道交通网喂给短驳线旅客。线路巴士的运行受大量不确定因素的影响，行车速度较慢，运行的线路不宜太长，长了就不能达到较高的准点率，不能准点，公交优先就会变成空话。

8.4.2　门户型交通枢纽重筑珠海的城市空间结构

按照现行的城市总体规划，珠海的城市空间发展结构呈三条南北向的发展轴，东西向的联系比较薄弱，现在只有珠海大道一个通道（图8-7）。这个城市总体规划是以道路交通为支撑的，其城市空间采用的是逐步外延的拓展模式。城市空间的发展现状是东密西疏，东部城区已经比较成熟，西部城区是未来30年发展的主要舞台。

如果上述铁路与城市轨道交通线网规划得到实施，未来的珠海就会形成一系列稳定的、人流集中的交通枢纽。首先是海港、空港和横琴、拱北、港珠澳大桥口岸岛等，都是口岸型综合交通枢纽。其次是金湾和前山两座车站，都是5线、10股道以上的综合交通枢纽。再次是五山、斗门、珠海北，是北面客货流进入珠海的第一站，也有可能发展成为门户型交通枢纽。上述这些都是门户型交通枢纽。最后是数量最大的其他所有轨道交通车站。

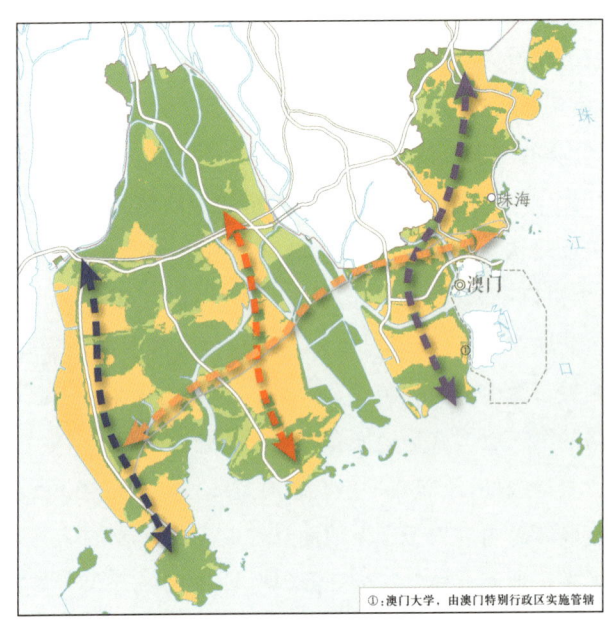

> 图 8-7　珠海城市空间规划中的发展轴

一般城市道路所支撑的是沿线均质发展的城市结构,形成无序蔓延的发展模式。如果珠海实施了上述"公交优先、轨道为主"的客运交通体系,其未来的城市结构就大不一样了。所有资源都会向以上述四种交通枢纽为核心的周围地区集中,枢纽周边的容积率会急剧增高,就会诱发"核轴式"发展模式。随着一条一条轨道线路的建成,珠海就会逐步从现在的大组团模式向核轴式发展模式转变,呈现出全新的城市结构景观(图 8-8)。

当珠海的铁路与轨道交通线网建成以后,市民将主要依靠公共交通出行,那么城市空间结构就会发生彻底的变化。车站附近用地的密度会提高,各种资源都会向枢纽车站集聚。这种集聚表现为:建筑密度向枢纽车站附近集聚、人口密度向枢纽车站附近集聚、商业服务设施也向枢纽车站附近集聚。以各枢纽车站为核心的集聚,还会表现出物以类聚的特征,就会出现文化设施集聚的车站、年轻人集聚的车站、电子产品店集聚的车站等,这就能从根本上改变城市千篇一律的面貌。

平心而论,珠海的门户型交通枢纽资源是极其丰富的,尤其是陆路口岸让人羡慕。问题是如何让这些门户型交通枢纽的规划建设与城市组团的发展,在空间上和时间上整合、融合、一体化。在整合交通资源,推动门户型交通枢纽的规划建设,促进城市空间的再筑和拓展方面,我们还有

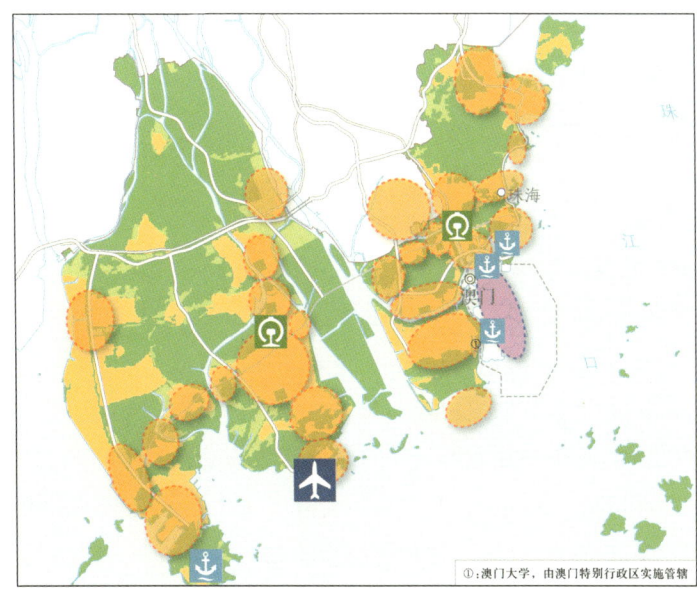

> 图 8-8 基于铁路与轨道交通的珠海城市空间规划建议

许多的工作亟需去做。目前陆路口岸枢纽过于集中,要开始思考东部城区的空间再筑,更要以西部城区的开发为契机用好机场综合交通枢纽和金湾综合交通枢纽。如果当年港珠澳大桥安排在金湾进出珠海并与金湾铁路枢纽一体化规划设计,那么珠海的城市空间结构就会比现在这个空间结构好很多。图 8-9 为口岸视角下的珠海城市空间结构。

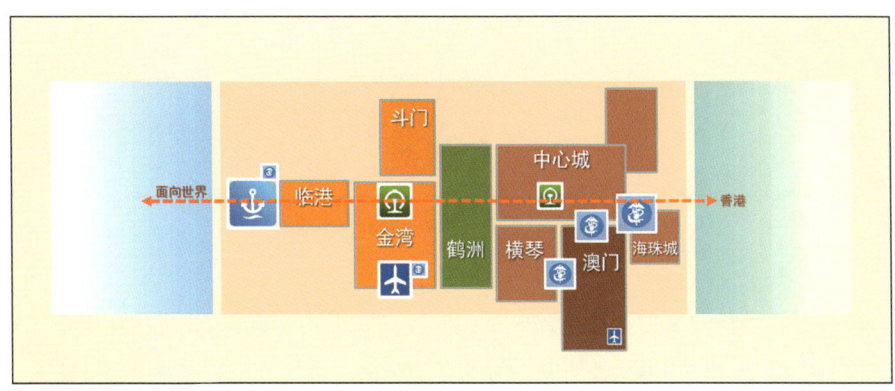

> 图 8-9 口岸视角下的珠海城市空间结构

另外,珠海未来对于怎样让空港、海港这两个门户型交通枢纽能够快速地运行起来,让这两个"发动机"能够更好地带动城市的发展,还需要我们进一步解放思想,在理念上、治理上、规划上、工程上做更多更艰难的工作。

8.4.3 口岸视角下的深圳城市空间结构对珠海的启示

其实,以口岸的视角看深圳城市空间结构的形成,其陆路口岸对城市发展的影响更甚于珠海。即使是今日,深圳三大陆路口岸的客流量依然是其城市活力的巨大来源之一。罗湖口岸是深圳市客流量最大的旅客出入境陆路口岸,2019 年旅客出入境达 7 815 万人次;深圳湾口岸是我国第一个"一地两检"的客货综合性公路口岸,2019 年旅客出入境达 4 135 万人次;福田口岸是我国首个内地与香港无缝接驳的地铁口岸,2019 年旅客出入境达 5 011 万人次。

口岸视角下的深圳城市空间结构也是非常强大的,口岸与门户型交通枢纽完全融合、口岸交通枢纽与城市组团相互加持(图 8-10),这才是深圳的成功原因和令人羡慕之处,这些对珠海是有借鉴意义的。

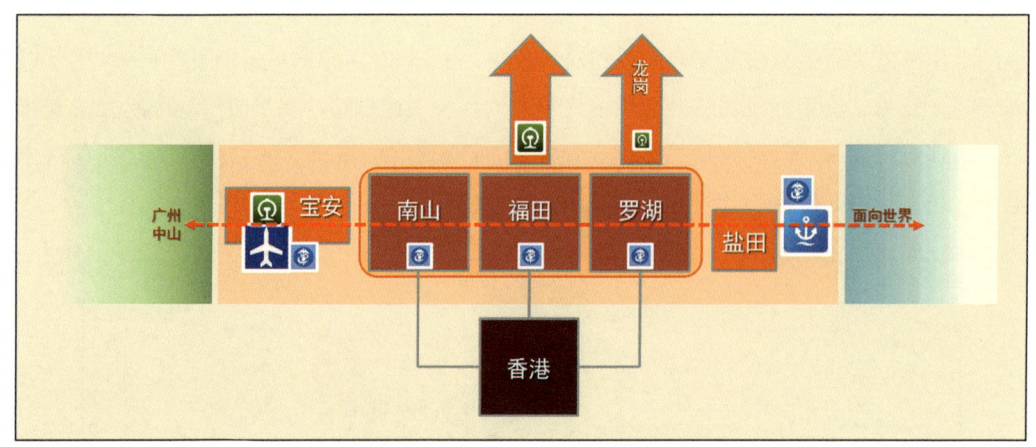

> 图 8-10 口岸视角下的深圳城市空间结构

当前,珠海面临港珠澳大桥运营和横琴新区开发的重大历史机遇,应当抓住机遇规划建设金湾、前山、珠海北、横琴、拱北、港珠澳大桥口岸岛、空港等一批门户型交通枢纽,使珠海成为珠三角高能量的交通极,不仅要成为港珠澳大桥的桥头堡,而且最终成为珠三角对接港澳、对接世界的桥头堡。

本章小结

陆路口岸本来就是口岸城市发展的原动力,协调好口岸交通与城市生活的关系是口岸城市的基础课题。口岸枢纽规模小的时候城市规模也小,一般来说是比较好处理的。但随着口岸规模的增大或口岸数量的增加,做好规划的难度就增加了。随着交通方式的不断发展和更新,为口岸服务的交通枢纽的内涵也发生了巨大变化,高速铁路、普通铁路、城市轨道交通开进陆路口岸的情况会越来越多,口岸与城市空间规划的互动要求会越来越高。我们希望看到的是:口岸与门户型交通枢纽一体化、口岸交通枢纽与城市组团相互加持。

我国与14个国家在陆地上接壤,随着我国经济的不断强大,对外贸易和交流还会进一步发展。随着陆路口岸及其交通枢纽设施的规划建设,口岸城市的规划建设都将有新的发展,我们期待看到更多更好的规划建设案例。

第 9 章
结　语

阿基米德说：只要给我一个合适的支点和一根足够长的杠杆，我就可以撬动地球。其实，问题的关键是我们要找到那个合适的支点。在城市和区域空间规划中，门户型交通枢纽就是那个合适的支点，本书中所述的许多案例都已经说明了这一观点。当我们很好地利用门户型交通枢纽这一个支点的时候，就能够撬动城市经济的发展，撬动城市空间的重筑。比如，虹桥综合交通枢纽的规划建设，就撬动了上海服务长三角及其内向型经济的发展，促成了上海东西向城市发展轴的形成，撬动了长三角区域经济的一体化。因此，用好这些像支点一样的门户型交通枢纽，就是城市工作者应该具备的功夫和能力。

但是，如果我们没能把门户型交通枢纽的规划建设做好，快速发展的高铁和航空这两种新的交通方式，就会给城市带来一系列的不利影响，会给城市的规划建设带来混乱，甚至成为新的城市公害。因此高铁车站和机场航站区的规划建设，对于城市来说是"危"与"机"共存的，为此我们必须把门户型交通枢纽的规划建设工作做好，我们必须成功！

本书通过高铁、民航、空铁、海铁空、陆路口岸等视角，对城市空间结构进行了分析研究，阐述了门户型交通枢纽的内涵、定义和意义，阐述了门户型交通枢纽在城市空间规划中的定位、作用和应用模式。

门户型交通枢纽就是高铁车站和机场航站区。

门户型交通枢纽是用来对接城市内外两大交通系统的。我们这个时代的代表性交通方式就是高铁和航空，因此现在最需要关注的门户型交通枢纽就是高铁车站和机场航站区。今日之中国，高铁车站和机场航站区这两种门户型交通枢纽的规划建设正在如火如荼地展开，正给每座城市的规划带来巨大的冲击。同时这些高铁枢纽和机场枢纽的规划建设，又具有引导和控制城市发展的巨大作用，也是城市空间规划优化、实施的契机和主要工具与平台。

门户型交通枢纽可以锚固综合交通网络。

在城市总体规划和区域规划中，门户型交通枢纽总是综合交通网络中的关键性节点，是网络之纲，纲举才能目张。同时门户型交通枢纽的规划建设也是综合交通体系发展壮大和调整优化的契机。交通规划师应该充分利用以门户型交通枢纽为代表的各种综合交通枢纽，来锚固城市规划和区域规划中的综合交通网络。

门户型交通枢纽可以促进公交优先政策落地。

门户型交通枢纽的规划建设，使我们能够在枢纽内实现城市对外交通体系（海、铁、空）与城市内部以城市轨道交通为代表的公共交通系统的快捷换乘。这就可以使我们大家都倡导的"公交优先",从政策理念变为实施图纸,于是一个高效、舒适、节能、环保的城市综合交通系统的实现不再遥远。因此通过门户型交通枢纽的规划建设,可以促进公交优先政策落地,达到优化大城市交通结构、保护大城市生态环境的目的。

门户型交通枢纽可以锁定城市发展轴和城镇网络。

在城市和区域规划中,我们可以通过门户型交通枢纽来对接城市内外交通网络,重筑城市空间结构,锁定城市发展轴和布局区域规划中的城镇网络结构。一般情况下,门户型交通枢纽所在的地区就是城市的门户、核心商业区或中央商务区,它们一定是城市发展轴上的重要节点。门户型交通枢纽的规划建设为我们布局新的城市空间或重筑城市空间结构,提供了一种方法和一次契机。城市的各门户型交通枢纽加上几个城市内综合交通枢纽,就可以锚固大城市的内外交通网络,锁定城市的发展轴,当然也就决定了城市的空间结构。

门户型交通枢纽可以集聚城市产业和人口。

在高铁和航空快速发展的今天,门户型交通枢纽可以带动城市高新技术产业的发展和现代服务业在其周边集聚,成为城市发展和更新的动力源,为城市发展提供新的机遇。这就是各级政府给予门户型交通枢纽最大关注的原因。门户型交通枢纽的规划建设,可以帮助城市强化其辐射功能,提高其所在区域的经济能力。依靠航空和高铁这两大高速交通工具,门户型交通枢纽大幅度地扩大了其所在大城市的"一日交通圈",实际上也就拓展了大城市的辐射能力和经济圈,加速了区域经济一体化的进程。

门户型交通枢纽还是城市文化的窗口和名片。

门户型交通枢纽是旅客进出一座城市时,对该城市生成第一印象和留下最后印象的地方,这就是门户型交通枢纽的最大社会效益所在。我们只要看一眼不同城市的站前广场,就能够了解不同的城市精神;即使是同一城市不同时代的站前广场,也能够看到不同时代的城市风貌。因此门户型交通枢纽一定是城市展示其历史文化与社会风貌的橱窗。如果一座城市将其门户型交通枢纽规划建设成为功能强大、运营高效、环境舒适的门户的话,那么该门户型交通枢纽就是这座城市靓丽的名片。

总之,门户型交通枢纽的规划建设是城市和城市群规划实施的主要工具、平台和契机。门户型交通枢纽是综合交通系统中的关键节点,是城市的定向型枢纽,同时又是区域的全向型枢纽,通常它被用来对接城市对外交通系统和城市公共交通网络。门户型交通枢纽在城市规划和区域规划中,可以锚固大城市内外交通网络,并推动公交优先规划落地,重筑城市和城市群的空间结构、锁定城市发展轴和区域规划中的城镇布局。在高铁和航空高速发展的今天,门户型交通枢纽还将带动城市高新技术产业的发展和现代服务业集聚,成为城市文化展示的橱窗。

所以,门户型交通枢纽是城市的心脏,也是城市的窗口,我们应该给予门户型交通枢纽最大的关注。

图表目录

前言

图 0-1 半坡遗址复原模型 / 4
图 0-2 北方城市和南方城市诞生与发展的典型实例 / 5
图 0-3 不同时代有不同的对外交通方式 / 6
图 0-4 高铁站和航空港重筑城市空间结构 / 8
图 0-5 日本新干线车站及其所在地区的开发 / 9

第 1 章 门户型交通枢纽的相关理念

图 1-1 枢纽就是事物的中心环节 / 17
图 1-2 全向性枢纽和定向性枢纽 / 18
图 1-3 城市的市内交通与对外交通 / 19
图 1-4 不同交通方式 45 min 能够到达的距离 / 20
图 1-5 市内的组合出行模型 / 21
图 1-6 公共汽车为轨道交通摆渡旅客 / 21
图 1-7 某市城市轨道交通覆盖率 / 22
图 1-8 高铁、民航的一日交通圈 / 23
图 1-9 "交通走廊＋交通枢纽＋城镇中心"城际模型 / 24
图 1-10 "交通走廊＋交通枢纽＋城镇中心"市内模型 / 25
图 1-11 大都会上海的空间结构规划 / 26

第 2 章 高铁、民航的运输组织与关联产业

图 2-1 高铁运行动态与高铁枢纽分布 / 29
图 2-2 民航飞行动态与枢纽机场分布 / 30
图 2-3 中国高铁网络规划的基本构架 / 31
图 2-4 郑州、西安、武汉的"米字形高铁" / 32
图 2-5 莫斯科的铁路枢纽 / 32
图 2-6 常见的铁路运输铺画图 / 33
图 2-7 "枢纽辐射、干支分离、网运分离"模式示意图 / 34
图 2-8 "干支分离"示意图 / 35
图 2-9 高铁枢纽地区常见的产业设施 / 38
图 2-10 新宿车站地区的城市景观 / 39
图 2-11 新宿车站地区土地利用图 / 39
图 2-12 上海虹桥商务区的城市景观 / 40
图 2-13 上海虹桥商务区的业态布局 / 41
图 2-14 民航最常见的两种运输组织模式 / 44
图 2-15 美国航空公司在美国的"枢纽-辐射"式航空运输网络 / 45
图 2-16 上海机场的运输组织方式 / 46
图 2-17 上海的两个空地一体化的门户型综合交通枢纽 / 48
图 2-18 虹桥国际机场的功能分区 / 49
图 2-19 临空产业链上的设施群 / 51
图 2-20 大兴机场功能区与临空产业园区的布局建议 / 52
图 2-21 史基浦机场航站楼前的商务园区 / 53
图 2-22 航站楼前的单元式发展模式 / 54
表 2-1 2006—2020 年我国民航机场发展布局规划中的机场分类 / 43

第 3 章　高铁视角下的城市空间规划

- 图 3-1　高铁枢纽选址与城市空间规划模式 / 57
- 图 3-2　济南城市空间规划布局 / 59
- 图 3-3　济南高铁西站的车站景观 / 60
- 图 3-4　济南高铁新区规划效果图 / 60
- 图 3-5　济南高铁西站与高铁新区规划 / 61
- 图 3-6　高铁枢纽与济南城市空间结构 / 62
- 图 3-7　高铁济南西站地区的开发与城市东西发展轴 / 62
- 图 3-8　对济南城市空间结构的规划建议 / 63
- 图 3-9　郑州市中心城区空间布局示意图 / 64
- 图 3-10　郑州铁路枢纽布局示意图 / 65
- 图 3-11　郑州中心城区公共交通系统规划图 / 66
- 图 3-12　郑州东站和郑东新区夜景 / 67
- 图 3-13　郑州东站的选址与城市空间的再筑 / 68
- 图 3-14　高铁枢纽与郑州城市空间结构 / 68
- 图 3-15　郑州航空港经济综合实验区位置与规划图 / 69
- 图 3-16　长沙中心城区空间结构规划图 / 71
- 图 3-17　粤汉铁路、京广铁路助力长沙崛起、发展 / 72
- 图 3-18　长沙火车站景观 / 73
- 图 3-19　高铁长沙南站的景观 / 74
- 图 3-20　黄黎组团中的长沙南站高铁新城规划 / 74
- 图 3-21　长沙黄花国际机场总体规划图 / 76
- 图 3-22　湘江新区总体规划图 / 77
- 图 3-23　湘江新区与长沙空铁枢纽分离示意图 / 78
- 图 3-24　长沙门户型交通枢纽的变迁轨迹与城市新区规划建设关系示意图 / 78

第 4 章　民航视角下的城市空间规划

- 图 4-1　南京禄口国际机场总体规划图 / 84
- 图 4-2　南京禄口国际机场航空城 / 85
- 图 4-3　民航视角下的南京城市空间结构 / 85
- 图 4-4　武汉城市空间发展战略 / 87
- 图 4-5　鄂州的城市空间结构 / 88
- 图 4-6　鄂州花湖机场总体规划 / 89
- 图 4-7　武汉天河国际机场总体规划及其临空经济区 / 89
- 图 4-8　"武鄂黄黄孝"五城市总体规划图 / 91
- 图 4-9　大武汉地区总体规划拼图 / 92
- 图 4-10　打通"武鄂黄黄孝"大动脉 / 93
- 图 4-11　民航视角下的大武汉城市空间规划 / 93
- 图 4-12　天津滨海新区总体规划图 / 94
- 图 4-13　滨海国际机场及其临空经济区规划图 / 95
- 图 4-14　民航视角下的天津城市空间结构 / 96
- 图 4-15　民航视角下的机场与城市空间发展模式 / 97

第 5 章　空铁视角下的城市空间规划

- 图 5-1　兰州中川国际机场综合交通枢纽剖切图 / 103
- 图 5-2　上海的南北发展轴和东西发展轴 / 105
- 图 5-3　虹桥综合交通枢纽总体布局示意图 / 106
- 图 5-4　虹桥商务区总体规划图 / 107

图 5-5　浦东国际机场一体化交通中心 / 109
图 5-6　浦东国际机场周边地区开发状况 / 110
图 5-7　上海两机场轨道系统联络线 / 111
图 5-8　空铁视角下的上海城市发展轴 / 112
图 5-9　济宁新机场总体规划图 / 113
图 5-10　济宁临空经济区位置图 / 114
图 5-11　兖州临空经济产业策划 / 115
图 5-12　兖州临空经济区功能分区与土地使用规划 / 116
图 5-13　"空铁新城"与兖州城市空间规划 / 117
图 5-14　空铁枢纽与城市空间发展模式 / 118

第 6 章　空铁视角下的城市群空间规划

图 6-1　粤东城市群中的机场与高铁车站 / 122
图 6-2　潮汕高铁车站景观 / 123
图 6-3　揭阳潮汕国际机场航站楼与交通中心效果图 / 124
图 6-4　揭阳潮汕国际机场航站楼前的交通中心与高铁车站示意图 / 124
图 6-5　粤东城市群的空间结构规划 / 125
图 6-6　虹桥商务区及虹桥综合交通枢纽的夜景 / 127
图 6-7　虹桥国际开放枢纽的"一核两带"功能布局 / 128
图 6-8　南通新机场与上海机场快线对接 / 129
图 6-9　南通新机场的空铁枢纽意象 / 130
图 6-10　萧浦快线铁路规划设想 / 131
图 6-11　杭州萧山机场航站楼与铁路车站 / 131
图 6-12　长三角的空铁枢纽群规划 / 132
图 6-13　空铁视角下的上海与长三角空间结构 / 133
图 6-14　乌鲁木齐机场总体规划效果图 / 134
图 6-15　乌鲁木齐临空经济区规划效果图 / 135
图 6-16　吐鲁番机场总体规划图 / 136
图 6-17　吐鲁番临空经济区规划图 / 137
图 6-18　空铁视角下的乌吐一体化 / 138
图 6-19　京津冀北的城市群与机场群 / 139
图 6-20　空铁视角下的成渝机场群与城市群 / 141
图 6-21　空铁视角下的成渝城市群空间结构 / 142
表 6-1　京津冀北部分机场规划情况 / 140

第 7 章　海铁空视角下的城市空间规划

图 7-1　海口美兰机场空铁枢纽设施 / 148
图 7-2　海口临空经济区规划 / 149
图 7-3　海铁枢纽规划与枢纽地区开发规划 / 150
图 7-4　海口城市规划中的海铁枢纽与空铁枢纽"双港驱动"示意图 / 151
图 7-5　海空视角下的海口城市空间结构 / 152
图 7-6　厦门城市空间规划布局 / 154
图 7-7　厦门海铁空轨规划建议及其逻辑关系图 / 155
图 7-8　海铁空视角下的厦门城市空间结构 / 156
图 7-9　深圳市城市总体规划图 / 157
图 7-10　罗湖口岸和深圳北站周边地区规划效果图 / 158
图 7-11　深圳机场总体规划与机场东站综合交通枢纽规划 / 159

图 7-12　多枢纽支撑的深圳城市空间结构 / 160

图 7-13　天津市城市总体规划 / 161

图 7-14　海铁空视角下的天津城市空间规划建议 / 162

第 8 章　陆路口岸视角下的城市空间规划

图 8-1　拱北口岸基础设施总平面图与实况 / 167

图 8-2　部分陆路口岸周边一公里业态 / 168

图 8-3　横琴新区城市总体规划图 / 170

图 8-4　横琴口岸地区的空间规划 / 171

图 8-5　港珠澳大桥口岸岛空间规划示意图 / 175

图 8-6　珠海市铁路与城市轨道交通规划 / 176

图 8-7　珠海城市空间规划中的发展轴 / 178

图 8-8　基于铁路与轨道交通的珠海城市空间规划建议 / 179

图 8-9　口岸视角下的珠海城市空间结构 / 179

图 8-10　口岸视角下的深圳城市空间结构 / 180

参考文献

[1] 吴良镛.京津冀地区城乡空间发展规划研究[M].北京：清华大学出版社,2002.

[2] 吴良镛.京津冀地区城乡空间发展规划研究二期报告[M].北京：清华大学出版社,2006.

[3] 吴良镛.京津冀地区城乡空间发展规划研究三期报告[M].北京：清华大学出版社,2013.

[4] 董建泓.中国城市建设史[M].北京：中国建筑工业出版社,2002.

[5] 刘武君.大都会——上海城市交通与空间结构研究[M].上海：上海科学技术出版社,2004.

[6] 刘武君.交通与城市——关于交通方式与城市规划的思考[M].上海：同济大学出版社,2022.

[7] 上海市人民政府.上海市城市总体规划(2017—2035)[EB/OL].(2017-1-17)[2022-03-29]. https://www.shanghai.gov.cn/nw42806/.

[8] 牟凯,刘武君.高铁背景下我国枢纽机场的现状及发展[J].民航管理,2020(5):54-57.

[9] 李胜,唐炜.双港驱动 海口腾飞——海口城市重大基础设施项目策划[M].北京：中国建筑工业出版社,2020.

[10] 刘武君,顾承东,赵海波,林晨.建设枢纽功能 服务区域经济——天津交通发展战略研究[M].上海：上海科学技术出版社,2006.

[11] 党明德,林吉玲.济南百年城市发展史——开埠以来的济南[M].济南：齐鲁书社,2004.

[12] 蔡立平,袁志慧,蒋伟.百年更迭,湖南铁路绘出经济版图"黄金路线"[EB/OL].(2021-12-19). https://baijiahao.baidu.com/s?id=1719568839875132333&wfr=spider&for=pc.

[13] 霍兵.走向科学发展的城市区域：天津滨海新区城市总体规划发展演进[M].南京：江苏凤凰科学技术出版社,2017.

[14] 马武定,林荫新.厦门市城市总体规划概述[J].城市发展研究,2001(3):65-68.

[15] 刘武君.空铁枢纽与粤东城市群空间规划[Z/OL].机场发展,2022-05-10. https://mp.weixin.qq.com/s/sqvycIxcVF2sRs-K3p7hew.

[16] 陈鹤九.汕头经济特区规划初探[J].城市规划,1990(5):43-45.

[17] 肖建武.不一样的吐鲁番：深度自助游[M].长沙：湖南教育出版社,2018.

[18] 中华人民共和国国家发展和改革委员会.国家发展改革委 住房城乡建设部关于印发成渝城市群发展规划的通知[EB/OL].(2016-05-04). https://www.ndrc.gov.cn/fggz/fzzlgh/

gjjzxgh/201605/t20160504_1196728.html?code=&state=123.

[19] 深圳市规划局.深圳经济特区总体规划[J].城市规划,1987(1):20-27.

[20] 马清妮,等.《武汉市国土空间总体规划(2021—2035年)》草案公布 江风湖韵大武汉一主四副新格局[N/OL].楚天都市报,2021-07-15.https://baijiahao.baidu.com/s?id=1705362289998901158&wfr=spider&for=pc.

[21] 刘本昕.开发建设郑东新区 加快郑州城市化进程[J].河南省人民政府公报,2001(3):63-64.

[22] 航港(上海)机场运营发展有限公司.济宁临空经济区产业策划与分区规划[R].2021.

[23] 刘武君,顾承东,等.打造交通极 成就桥头堡——珠海市公共交通发展战略研究[M].上海:同济大学出版社,2014.

[24] 上海磁浮交通发展有限公司.磁浮交通系统适应性研究[R].2004.

[25] 刘武君.重大基础设施建设项目策划[M].北京:中国建筑工业出版社,2020.

[26] 李巍.综合交通环境下高速铁路与民航的协同发展[J].铁道经济研究,2018(1):18-20.

[27] Wujun Liu, Xiang Huang. Shanghai Urban Planning[M]. Singapore: Thomson, 2007.

后　　记

以"门户型交通枢纽与城市空间规划"为题,我在清华大学建筑学院已经讲了许多年了,在其他地方也有机会与大家交流了多次。本书基于这些讲座后同学们根据录音整理的资料,我利用今年春天在上海新冠肺炎疫情期间被隔离的两个月时间整理出来,比原写作计划提前了一年。本书在正式出版之前,又得到了吴良镛教授亲自指点,感谢先生!

书中所有讲到的案例,都是我调研过的对象、参加过的咨询课题、承担过的规划任务、主持过的项目管理工作等,都是我亲自参与过的项目。

刚接触城市规划时,觉得其博大精深;经过二十年的研习,发现交通问题是其血脉和骨架;于是再用二十年研习之,发现交通问题的核心乃综合交通枢纽,特别是门户型交通枢纽。尽吾学习、研究、实践四十年有余,终将城市规划一书读薄,原来"高处的东西都是极少的"。

科学使问题变得简约、让决策变得容易。我始终相信,虽然城市问题纷繁复杂,但关键课题就那么几个。抓住这几个关键问题也就牵住了"牛鼻子",问题就会变得简洁集约、便于决策。城市规划师必须具备这种能牵住"牛鼻子"的本领。交通、产业、居住、游憩构造了我们的城市,交通是城市的骨架和血脉。交通方式多种多样,综合交通网络越来越大、越来越复杂,运输组织是其灵魂和经脉,城市规划师必须让自己精通运输组织。交通枢纽是交通网络的关键结点,门户型交通枢纽是枢纽之枢纽,是城市的起点和窗口。门户型交通枢纽集聚了城市文明的精华,它就是城市空间规划的"牛鼻子"!

我的学习和工作是从建筑到城市、再到交通、再到枢纽、再到门户型交通枢纽,这样一个逐步演变的过程;我的认识和思想是从设计到规划、再到策划、再到治理,这样一个逐渐递进的过程。现在又到了该问"我是谁?""我要去哪儿?"的时候了。也许根本就没有答案,一切都是"过程",而且这一过程又总是会让我回到原点。"枢纽"既是城市的起点,也是它的终点,这个过程循环往复、生生不息。

最后,感谢清华大学建筑学院、中国城市规划设计研究院、中国民航机场建设集团有限公司、美国SPS航空咨询公司、上海觐翔交通工程咨询有限公司、上海瑞科同航工程管理咨询有限公司、同济大学复杂工程管理研究院等单位的各位朋友为本书出版给予的帮助和支持!感谢北京、天津、上海、重庆、成都、南京、武汉、鄂州、深圳、珠海、厦门、揭阳、潮州、汕头、济南、杭

后 记

州、济宁、海口、郑州、长沙、乌鲁木齐、吐鲁番、南通等城市和机场提供的资料和帮助！感谢同济大学出版社的编辑和朋友们！感谢在过去四十年中给予我帮助和支持的教授们、同事们、朋友们！感谢左川、毛其智、吴唯佳、陈建国、武廷海、赵亮、乐云、唐可为、于涛方、顾承东、周红波、贺胜中、张辉、陈依兰、黄翔、李文沛、李胜、唐炜、胡建忠、薛美根、宿百岩、赵海鹏、徐平利、胡毅、陈立、李起龙等各位的指导、帮助和支持！感谢上面提到和没有提到的所有朋友们的无私贡献和默默保障！

2022 年 6 月 17 日　上海世博花园